COLLECTION

DE FEU M. JOSEPH FAU

OBJETS D'ART

TAPISSERIES

MÉDAILLES — TABLEAUX

COLLECTION

DE FEU M. JOSEPH FAU

OBJETS D'ART

TAPISSERIES

MÉDAILLES — TABLEAUX

PARIS. — IMPRIMERIE DE L'ART
J. ROUAM, IMPRIMEUR-ÉDITEUR, 41, RUE DE LA VICTOIRE, 41

CATALOGUE

DES

OBJETS D'ART

ET DE

HAUTE CURIOSITÉ

DE LA RENAISSANCE ET DES TEMPS MODERNES

Faïences italiennes, hispano-moresques et de Perse — Émaux de Limoges
Verrerie — Sculptures en marbre, en bois et en ivoire
Bijoux — Orfèvrerie — Armes — Clefs et objets en fer — Belle horloge allemande
Objets variés — Porcelaines — Bronzes d'art et d'ameublement
Meubles en bois sculpté — Cabinet italien
Portes et cheminées monumentales — Panneaux et montants en bois sculpté
Sièges divers

BELLES TAPISSERIES RENAISSANCE

LIVRES SUR LES ARTS

MÉDAILLES DE LA RENAISSANCE

TABLEAUX ANCIENS ET MODERNES

Composant l'importante Collection de feu M. Joseph Fau

ET DONT LA VENTE AURA LIEU

HOTEL DROUOT, SALLE N° 8

Les Lundi 3, Mardi 4, Mercredi 5, Jeudi 6, Vendredi 7 et Samedi 8 Mars 1884

A DEUX HEURES

Par le Ministère de Me **E. ESCRIBE**, commissaire-priseur, rue de Hanovre, 6,

Assisté, pour les objets d'art, de **M. CHARLES MANNHEIM**, expert,
7, rue Saint-Georges, 7

— pour les médailles, de **MM. ROLLIN** et **FEUARDENT**, experts,
4, place Louvois, 4

— pour les tableaux modernes, de **M. GEORGES PETIT**, expert,
12, rue Godot-de-Mauroy, 12

— pour les tableaux anciens, de **M. B. LASQUIN**, expert,
12, rue Laffitte, 12

Chez lesquels se trouve le présent catalogue.

EXPOSITIONS

PARTICULIÈRE	PUBLIQUE
Le Samedi 1er Mars 1884	Le Dimanche 2 Mars 1884

DE UNE HEURE A CINQ HEURES

ORDRE DES VACATIONS[1]

Le Lundi 3 Mars 1884.

Médailles	N° 421 à 560

Le Mardi 4 Mars 1884.

Médailles	— 561 à 611
Tableaux	— 612 à 650
Livres, Catalogue, Gravures	— 651 à 695

Le Mercredi 5 Mars 1884.

Faïences italiennes	— 1 à 55
— hispano-moresques	— 56 à 59
— de Perse	— 60 à 69
— de Palissy	— 70 à 71
— françaises	— 72 à 80
Verrerie	— 81 à 90
Émaux de Limoges	— 91 à 107

Le Jeudi 6 Mars 1884.

Bijoux et orfèvrerie	— 185 à 193
Armes	— 194 à 210
Objets en fer	— 211 à 227
Clefs en fer	— 228 à 259
Objets variés (Occident)	— 260 à 283
Objets variés (Orient)	— 284 à 292

1. N. B. L'ordre numérique ne sera pas suivi.

Le Vendredi 7 Mars 1884.

Sculptures en marbre.	Nº 108 à 117
— en bois (petites).	— 118 à 141
— en bois (grandes)	— 142 à 156
— en ivoire	— 157 à 184
Bronzes d'art	— 306 à 327

Le Samedi 8 Mars 1884

Porcelaines de Chine.	— 293 à 302
Porcelaines de Chantilly.	— 303 à 305
Bronzes d'ameublement	— 328 à 332
Meubles en bois sculpté	— 333 à 351
Meubles divers.	— 352 à 358
Glaces et miroirs.	— 359 à 361
Portes et cheminées	— 362 à 367
Panneaux en bois sculpté.	— 368 à 379
Montants en bois sculpté.	— 380 à 384
Sièges en bois sculpté	— 385 à 396
Tapisseries.	— 397 à 402
Tapisseries au point.	— 403 à 406
Tapis	— 407 à 420

M. Joseph Fau, mort récemment, aura été un des grands et des plus fervents parmi les amateurs de notre temps et nous ne voulons pas laisser sa dernière collection se disperser aux enchères publiques sans consacrer quelques lignes au goût délicat et robuste à la fois, dont il a donné tant de preuves, ou même à l'aménité de son caractère qui le rendait cher à ses amis.

Il n'avait pas attendu, pour se livrer à sa passion pour les arts, le moment où l'âge nous conduit insensiblement aux jouissances plus paisibles que procurent la possession des monuments du passé ou celle des productions des artistes contemporains. Ses préférences ont été variées sans cesser d'être d'un goût élevé et pendant un demi-siècle, au milieu du soin des affaires, des plaisirs du monde et des entraînements du sport, on peut dire qu'il ne cessa jamais de faire deux parts de sa vie, dont la meilleure peut-être fut celle consacrée aux arts.

Dans sa première jeunesse, Joseph Fau, lié de la plus étroite amitié avec Decamps, amitié qui ne cessa qu'avec la vie de l'illustre artiste, parut vouloir embrasser la carrière de la peinture sous la direction de son ami, et il se trouva de bonne heure enrôlé dans cette vie d'artiste de la génération de 1830 dont on retrouverait au besoin les détails dans le *Capitaine Pamphile*, d'Alexandre Dumas. Son père en disposa autrement et Decamps, alors en Italie, à qui il communiquait cette décision, lui écrivait de Rome (juin 1834) : « Je te félicite de ton changement de carrière, puisque tu en es content et que ton père le désire. Et d'ailleurs, je crois qu'il est plus sage de tâcher de se mettre à même d'acquérir de la peinture à son goût que de se fendre la tête à en faire. » La peinture est en effet une maîtresse bien tourmentante pour l'artiste amoureux de son art, et Decamps, qui en a souffert toute sa vie, mieux que tout autre, pouvait parler ainsi.

C'est alors que Joseph Fau, suivant le conseil de son ami, commença à s'entourer des œuvres de ses camarades : Jadin, Isabey, Camille Roqueplan, Diaz, Alfred de Dreux et surtout de celles de Decamps; c'était chose facile alors. Je ne compte pas moins de vingt et un tableaux de Decamps et de douze Roqueplan dans le petit catalogue de sa collection de tableaux vendue en 1850, avec tout un brillant arsenal d'armes orientales.

Cette vente n'était faite que pour reprendre un vol plus haut, et plus tard, dans le catalogue d'une vente faite en 1861, on peut remarquer douze des œuvres les plus remarquables de Decamps: *la Petite Vie de Samson,* en neuf dessins, — *les Singes boulangers et charcutiers,* — *Moïse et la Fille de Pharaon,* — *le Marchand d'oranges,* — *la Pêche miraculeuse*, etc. etc., et beaucoup d'Alfred de Dreux, et des Camille Roqueplan toujours. Le goût de l'amateur parut tourner alors vers les portraits français des XVIIe

et XVIIIe siècles. Le catalogue de cette nouvelle collection, vendue en 1871, contenait une foule d'œuvres superbes de Rigaud, de Largillière, de Nattier et autres; mais toujours fidèle à la peinture moderne, on a longtemps admiré dans son salon *la Grande Odalisque* de M. Ingres, qui fait aujourd'hui l'ornement de l'hôtel de Mme la princesse de Sagan, et le grand épisode de *la Bataille des Cimbres*, admirable fusain rehaussé de blanc, maintenant au musée de Bruxelles.

Fau n'abandonna jamais ses anciens dieux; ses souvenirs d'atelier lui étaient restés chers, et la peinture un de ses délassements favoris. Il s'y livrait avec trop de modestie. On retrouve dans de grandes natures mortes, exécutées dans les dernières années de sa vie, l'éclat lumineux, les belles tonalités brunes, chaudes et transparentes dans les ombres, qu'il tenait de son maître et de son ami.

Ces collections faites et défaites à des intervalles de dix ans l'une de l'autre, n'indiquent nullement l'inconstance de l'amateur; elles ne sont le plus souvent que le résultat d'une curiosité active, avide de tout connaître; assez sage pour vouloir savourer sans mélange chaque chose à son tour.

Chez M. Joseph Fau, ces exodes n'étaient qu'un trop plein laissant chez lui une place plus large à ses préférences nouvelles, mais où il en restait toujours une très honorable pour ses goûts anciens; aussi retrouvons-nous dans ce dernier inventaire, à côté des nombreuses séries consacrées aux merveilles de l'art industriel du XVIe siècle, quelques portraits historiques d'un goût exquis, des Decamps, des Vollon et un beau et grand tableau de

Corot, sa dernière acquisition, qu'il faut placer parmi les œuvres capitales du grand paysagiste. Joseph Fau revenait toujours à la peinture moderne, qui, et c'est son honneur, était restée sa passion dominante.

Nous ne saurions nous arrêter longtemps sur les œuvres nombreuses et charmantes que contient le présent catalogue, elles nous entraîneraient dans trop longs détails. Contentons-nous de signaler en parcourant les diverses séries, celle des faïences, qui forme par le choix, par le nombre et la variété, une des suites les plus remarquables qui puissent de longtemps s'offrir aux amateurs dans une vente publique. Rien n'y manque, ni les reflets éclatants du maître de Gubbio, ni les bonnes peintures de *Xanto da Rovigo*, qui illustrent la fabrique d'Urbino; ni surtout une suite des élégantes productions de celles de Faenza, les plus précieuses parmi les œuvres de la céramique de la Renaissance italienne du XVIe siècle. On les désigne trop souvent, nous ne savons pourquoi, sous le nom de *Cafaggiuolo*. Les potiers de Deruta les plus anciens n'y sont pas moins bien représentés par des pièces de choix, le n° 34, entre autres, d'un éclat des plus rares, spécimen unique peut-être dans les collections. Quelques productions de Damas (dites de Perse), les n°s 60 et 61 entre autres, et deux belles pièces de notre Bernard Palissy, n°s 70 et 71, complètent cette série.

Parmi les verreries, nous nous arrêterons d'une façon toute particulière sur une belle jatte décorée de peinture à froid, une ronde d'enfants, d'après un dessin de Raphael, gravé par Marc-Antoine Raimondi, avec un entourage de rinceaux d'or d'un goût exquis. La fragilité du décor à froid n'a laissé parvenir jusqu'à nous que très peu d'objets de ce genre d'une aussi parfaite conservation.

La classe des émaux de Limoges est très nombreuse, nous citerons deux belles compositions peintes par Nardon Pénicaud, nos 91 et 92; un très joli coffret, à couvercle en toit, monté en bronze gravé et doré, no 94; une salière de forme globulaire, montée sur pied à nœud, de Jean Courtois, véritable bijou par la finesse de son exécution; des plats de Pierre Reymond et de nombreuses plaques des meilleurs maîtres du temps.

Les sculptures de bois, grandes et petites, sont nombreuses; on s'arrêtera plus particulièrement sur les nos 118, 119 et 120, statuettes rares par le style et la finesse de leur exécution. Les autres ne sont pas moins intéressantes par la diversité des provenances et des styles.

L'orfèvrerie, moins nombreuse, renferme un objet des plus rares de la première moitié du XVIe siècle, formant à volonté cuiller et fourchette d'argent doré, finement orné et ciselé, enrichie de diamants et de rubis. Il doit certainement avoir été exécuté pour une impératrice ou une grande princesse, à une époque où la fourchette n'était pas encore d'un usage général et où les femmes délicates répugnaient seules à manger avec leurs doigts ou avec la pointe d'un couteau, comme c'était encore l'usage. La cuiller a été connue de tous temps, l'usage de la fourchette est relativement moderne.

Après la classe des faïences et des bois sculptés, celle des ciselures sur fer est la plus riche. Clefs d'arquebuses, clefs de meubles et d'appartements des XVIe et XVIIIe siècles sont ici réunies en grand nombre et d'un choix tout à fait hors ligne ; la France a excellé entre toutes dans ces sortes d'ouvrages.

Nous laissons, pour ne pas être long : *les armes* dont quelques-unes sont excellentes — *les ivoires* — *les horloges* et *les montres* — *les bronzes arabes, damasquinés d'argent* — *les bronzes italiens et d'ameublement* — *les meubles de bois sculpté* — *les tapisseries;* dans toutes ces séries se rencontrent des objets d'un choix supérieur, et enfin, *la collection des médailles françaises et italiennes,* au nombre de plus de cent cinquante, collection remarquable par la préférence donnée par l'amateur aux médailles des femmes célèbres qui y sont en majorité.

EUG. P.

DÉSIGNATION DES OBJETS

FAIENCES ITALIENNES

1 — Fabrique de Gubbio. — Coupe ronde sur pied bas à décor à reflets métalliques rouge feu et bleu nacré, représentant une charmante tête de jeune fille et une banderole portant l'inscription : *Giovanna bella.* Au revers, le sigle du *Maestro Giorgio Andreoli*, ainsi que la date de 1530. — Diam., 235 millim.

2 — Fabrique de Gubbio. — Coupe ronde sur pied bas à décor à reflets métalliques bleu nacré et mordorés, représentant le buste nimbé de saint Paul; il se détache sur un fond bleu intense. Elle porte au revers le sigle du *Maestro Giorgio Andreoli da Ugubio*, ainsi que la date de 1530. — Diam., 222 millim.

3 — Fabrique de Gubbio. — Coupe ronde sur pied bas à décor en relief et à reflets métalliques rouge rubis, bleu nacré et mordorés. Au centre, le monogramme du Christ et une croix. Au pour-

tour, des branches de fleurs et des feuillages. Diam., 270 millim.

4 — Fabrique de Gubbio. — Coupe ronde sur pied bas à reflets rouge feu et irisés. Elle représente dans un paysage éclairé par le soleil couchant deux groupes de figures nues : à gauche, quatre hommes, et, à droite, une femme et deux enfants. Au revers, la date de 1537 et des fleurons paraissant indiquer que cette pièce a été exécutée par *Maestro Giorgio*. — Diam., 267 millim.

5 — Fabrique de Gubbio. — Plat rond à décor à reflets métalliques rouge feu et bleu nacré, représentant diverses scènes tirées de l'histoire de Rémus et Romulus. Au revers, la date de 1531 et le sigle de *Maestro Giorgio da Ugubio*. — Diam., 260 millim.

6 — Fabrique de Gubbio. — Plaque rectangulaire en hauteur offrant en bas-relief la Vierge à mi-corps tenant l'Enfant Jésus de ses deux bras. Décor à reflets métalliques, mordorés et bleu nacré. Dans un cadre en bois sculpté à cariatides et ornements. — Haut., sans cadre, 430 millim.; larg., 330 millim.

7 — Fabrique de Gubbio. — Plat rond, forme dite *cuppa amatoria*, à décor à reflets métalliques irisés et bleu nacré. Au fond, enfant nu debout portant un mouton et dans l'attitude de la marche. Au marli, trophées d'instruments de musique sur fond bleu. (Vers 1535.) — Diam., 250 millim.

N° 1.

8 — Fabrique de Gubbio. — Plaque rectangulaire en hauteur représentant en bas-relief saint Jérôme agenouillé tenant un Christ de la main gauche et ayant un lion à ses pieds. Décor à reflets métalliques mordorés et bleu nacré avec rehauts de bleu et de brun. — Haut., 260 millim.; larg., 210 millim.

9 — Fabrique d'Urbino. — Plat rond et creux à décor à reflets métalliques rouge feu et irisés. Il représente le sujet de Cacus sortant de son antre. Cette scène se passe dans un paysage. Au premier plan et à droite de la figure principale, une femme debout et drapée; à gauche, deux adolescents armés de lances. Ce plat porte au revers une inscription italienne indicative du sujet, la date de 1531 et la signature de *Fra: Xanto, Aut: Rovig: J. Urbino.* — Diam., 263 millim.

10 — Fabrique d'Urbino. — Plat rond à riche décor à reflets métalliques rouge feu, bleu nacré et irisés. Il représente une réunion de cinq philosophes et porte au revers la date de 1533, l'indication du sujet et la signature de *Fra Xanto. A. da Rovigo in Urbino.* — Diam., 262 millim.

11 — Fabrique d'Urbino. — Plat rond à décor polychrome rehaussé de reflets métalliques rouge rubis et bleu nacré. Il représente Brennus mettant son épée dans la balance; composition de trois figures. Au revers, inscription italienne en bleu indiquant le sujet et feuilles ornementales à reflets mordorés. — Diam., 260 millim.

N° 2.

12. — Fabrique d'Urbino. — Plat rond à décor polychrome représentant diverses scènes tirées de la vie d'Archimède. Dans le haut, un aigle noir tient dans ses serres la tortue qu'il a tuée. Ce plat porte au revers une inscription italienne ainsi que la date de 1540 et le sigle de *Francesco Xanto da Rovigo*. — Diam., 285 millim.

13. — Fabrique d'Urbino. — Plat rond, forme dite *cuppa amatoria*. Au fond, un écusson armorié. Le reste du plat est occupé par un sujet indiqué au revers comme étant l'exorde de Galatée. Nous attribuons le décor de cette pièce à *Fra Xanto da Rovigo*.

14. — Fabrique d'Urbino. — Plat rond et creux représentant le Triomphe de Trajan. Dans un paysage avec ville au fond, groupe de cavaliers à gauche et groupe de femmes à droite. Dans le champ, en haut et à gauche, un écusson armorié. On lit au revers : G.V.V.D. *Munus*. F. *Andréa Volaterrano. Traïano imperatore*. — Diam., 318 millim.

15. — Fabrique d'Urbino. — Coupe ronde sur pied bas décorée d'une tête de femme de profil à gauche, coiffée d'un casque ailé avec visière ornée d'un mascaron. Une banderole qui se détache sur un fond bleu porte le nom *Philomena*. Collection Pourtalès. — Diam., 216 millim.

16 — Fabrique d'Urbino. — Coupe ronde semblable à

N° 4.

celle qui précède et pouvant lui servir de pendant. Celle-ci représente une tête d'homme de profil à droite, la tête couverte d'un casque ailé avec visière ornée d'un mascaron. La banderole qui se détache sur le fond bleu porte le nom de *Rugieri*. — Diam., 210 millim.

17 — Fabrique d'Urbino. — Plat rond décoré en couleurs et représentant le sujet d'Hercule et Cacus. A droite, les armoiries des Pucci. Au revers, la date de 1532, l'indication du sujet et la signature de *Fra Xanto. A. da Rovigo. In Urbino.* — Diam., 260 millim.

18 — Fabrique d'Urbino. — Coupe d'accouchée décorée à l'intérieur du sujet de Joseph et Putiphar avec couronne de fleurs au bord. A l'extérieur, amour debout, couronne de fleurs et couronne d'ornements sur fond blanc. (Vers 1550.) — Diam., 210 millim.

19 — Fabrique d'Urbino. — Grand plat rond entièrement couvert d'une mêlée de guerriers et de cavaliers combattant devant Troie. Le décor de ce plat a été exécuté par Oratio Fontana. Il porte au revers une signature peu connue de ce maître, circonscrite dans un O. Il porte également au revers l'indication du sujet, ainsi que la date de 1543. — Diam., sans le cadre en bois sculpté et doré, 465 millim.

20 — Fabrique d'Urbino. — Plaque rectangulaire, décor polychrome, représentant le sujet de la Crèche.

N° 9.

Dans le haut, à droite, un ange voltigeant tient une banderole sur laquelle on lit : Gloria in excelsis Deo. Cette pièce porte le monogramme de *Francesco Xanto da Rovigo.* — Haut., sans le cadre en bois noir, 275 millim.; larg., 330 millim.

21 — Fabrique d'Urbino. — Plat rond et creux, forme dite *cuppa amatoria.* Au fond, enfant agenouillé devant une tête de mort et banderole pörtant l'inscription : Memento · Mei. Le marli est décoré de rinceaux, de mascarons, de rangs de perles et de têtes de chérubins polychromes sur fond bleu. Vente Castellani. — Diam., 270 millim.

22 — Fabrique d'Urbino. — Petit plat rond offrant au centre, en décor polychrome, un écusson armorié portant un lion héraldique. Au marli, palmettes et ornements exécutés par le procédé *bianco sopra bianco* et couronne de feuillages verts. (Vers 1560.) — Diam., 240 millim.

23 — Fabrique d'Urbino. — Petite coupe ronde repoussée à godrons en spirales, décorée de rinceaux feuillagés et de têtes de dauphins en camaïeu bleu sur fond gros bleu et jaune orangé alternant. Au centre, jeune femme vue à mi-corps, versant un liquide d'un vase dans un autre vase. Cette figure se détache sur un fond bleu très foncé. Au revers, les godrons sont décorés de traits concentriques bleus et jaune orangé. (Vers 1550.) — Diam., 205 millim.

N° 10.

24 — Fabrique d'Urbino. — Coupe ronde sur pied bas, représentant le sujet de Daphné changée en laurier. — Diam., 250 millim.

25 — Fabrique de Caffagiolo. — Petit plat rond à décor bleu, couvert d'ornements, d'entrelacs, d'instruments de musique, d'armes, d'un papillon, etc., et offrant au centre un buste d'homme, de profil à gauche, sur fond bleu. Au revers, quatre groupes de ramages et, au centre, le monogramme P, ainsi que le nom : *In Chafaggiuolo*. (Vers 1540.) — Diam., 230 millim.

26 — Fabrique de Caffagiolo. — Petit plat rond et creux, forme dite *cuppa amatoria*. Décor en camaïeu bleu, avec rehauts de blanc, de jaune et de rouge orangé. Au fond, enfant debout tenant une lance et banderole portant l'inscription suivante : Virtv. Ricole. Fama. Chi. Semi. Au marli, entrelacs et médaillons ronds, contenant des trophées d'armes, des lapins et des attributs divers. A la chute, couronne de feuillages et de fleurs arabesques. A l'extérieur, feuillages bleus rayonnant. (Vers 1530.) — Diam., 240 millim.

27 — Fabrique de Caffagiolo. — Plat rond et creux, forme dite *cuppa amatoria*. Au marli, vases, rinceaux et cornes d'abondance en couleurs polychromes sur fond bleu. A la chute du plat, imbrications exécutées par le procédé *bianco sopra bianco*. Au fond, un écusson armorié, ainsi qu'une croix et un agneau pascal. Au revers,

N° 15.

rosace à feuilles exécutées en bleu et jaune orangé. (Vers 1535.) — Diam., 252 millim.

28 — Fabrique de Caffagiolo. — Plat rond offrant au centre et en décor polychrome deux personnages assis, un philosophe et un guerrier dans un paysage. Au pourtour, frise d'ornements exécutés par le procédé dit ***bianco sopra bianco***. Au marli, cariatides ailées se terminant en rinceaux, dragons fantastiques, palmettes et cornes d'abondance en grisaille rehaussée de blanc, sur fond gros bleu. Au revers, cercles concentriques à filets jaune orangé, sur fond jaune d'or, et volute au centre. (Vers 1540.) — Diam., 292 millim.

29 — Fabrique de Caffagiolo. — Coupe ronde peu profonde, sur pied bas, représentant la chute de Phaéton. Dans le bas, vue de ville accotée à une montagne. Au revers, palmes décorées en bleu et rouge orangé. (Vers 1540.) — Diam., 322 millim.

30 — Fabrique de Caffagiollo. — Petit plat rond, décor en camaïeu bleu, avec rehauts de vert et de jaune orangé, sur fond gros bleu, composé de trois groupes de statues, dont celui du centre représente un personnage enchaîné, les yeux bandés. Au premier plan, enfant dansant et jeune femme jouant du violon. — Diam., 220 millim.

31 — Fabrique de Caffagiolo. — Plat rond et creux, forme dite *cuppa amatoria*, décoré au fond d'un

N° 16.

enfant à califourchon sur un cerf au galop, en grisaille, sur fond bleu. Le marli présente trois couronnes d'ornements en camaïeu bleu; celle qui forme entre-deux se compose de compartiments ornés, reliés par des entrelacs. (Vers 1540.) — Diam., 270 millim.

32 — Fabrique de Caffagiolo. — Plat rond, à décor bleu sur blanc; au centre, une rosace et des armoiries rehaussées de bleu foncé et de brun; au pourtour et sur le marli, double frise de trophées d'armes et d'instruments de musique reliés entre eux par des rinceaux feuillagés, des fleurs et des animaux fantastiques. Au revers, des fleurs arabesques de style persan, en bleu, et, au centre, le nom : *Chafaggvolo.* — Diam., 380 millim.

33 — Fabrique de Pesaro. — Grand plat rond, à très beaux reflets métalliques rouge feu et irisés. Le marli est décoré d'imbrications et de palmettes; le fond représente le sujet du malin pasteur faisant un accord avec le loup. Au-dessous du sujet un cartouche oblong porte une inscription italienne qui se traduit ainsi : *Malheur au troupeau quand le berger et le loup sont d'accord.* Ce plat est mentionné dans *Passeri*, au chapitre VII. C'est un rare et précieux spécimen de la fabrique de Pesaro. — Diam., 385 millim.

34 — Fabrique de Pesaro. — Grand plat rond à décor à reflets métalliques rouge rubis, bleu nacré et irisés très intenses. Au fond, buste de femme de profil à gauche et banderole se détachant sur

N° 33.

fond bleu, portant l'inscription suivante : Chi · Biene · Gvida sva Barcha sempre in porto. Le marli est couvert d'imbrications rehaussées de bleu. (Collection Soltykoff.) — Diam., sans le cadre en bois sculpté, doré en partie, 400 millim.

35 — Fabrique de Pesaro. — Grand plat rond décoré au fond de trois personnages se détachant en couleurs sur fond gros bleu; personnage assis jouant de la viole; à droite, une femme debout tient un livre ouvert; à gauche, un amour debout tient un tambour de basque. Un cartouche suspendu à un arbre porte les lettres : B. P. C. R. Le marli est décoré de trophées d'armes en camaïeu bleu et jaune sur fond rouge orangé. (Vers 1530.) — Diam., 445 millim.

36 — Fabrique de Pesaro. — Vase en forme de balustre sur piédouche à panse large, anses en S et à couvercle conique surmonté d'un bouton. Décor à reflets métalliques, rouges, mordorés et bleu nacré, rehaussés de bleu. Sur la gorge, bustes d'homme et de femme de profil dans des médaillons ovales. Sur le culot et sur le couvercle, godrons simulés. Sur la panse et dans les entre-deux de la gorge, ornements variés. (Vers 1540.) — Haut., 33 cent.

37 — Fabrique de Deruta. — Plat rond à ombilic et à décor à reflets métalliques bleu nacré et irisés avec rehauts de bleu. Au centre, buste de femme de profil à gauche, se détachant sur fond blanc. Au pourtour, compartiments d'imbrications et

Nº 34.

de palmettes alternant. Au marli, couronne de fleurettes et d'ornements. — Diam., 320 millim.

38 — Fabrique de Deruta. — Plat rond à ombilic, décor à reflets métalliques irisés et bleu nacré, composé d'ornements et de rosaces. Au centre, tête d'homme lauré, de profil, se détachant sur fond bleu. — Diam., 32 cent.

39 — Fabrique de Faenza. — Plat rond à ombilic et canaux creux à décor en bleu, jaune et vert. Le centre de l'ombilic présente un buste d'homme de profil à droite sur fond bleu. Le reste du plat est couvert d'ornements variés. L'extérieur présente un décor analogue, mais moins riche. (Vers 1520.) — Diam., 340 millim.

40 — Fabrique de Faenza. — Plat rond à ombilic, à décor en camaïeu bleu sur fond jaune orangé. Sur l'ombilic, un écusson armorié; au pourtour, l'inscription suivante : Sogie·Tovesero·Perfihivivo·Epo·La Morte. A la chute du plat, deux médaillons représentant un chien couché avec entre-deux composés de cornes d'abondance et d'ornements variés. Au marli, une couronne d'entrelacs. Au revers, cercles concentriques bleus et jaunes sur fond blanc et la lettre L au centre. — Diam., 336 millim.

41 — Fabrique de Faenza. — Plat rond à ombilic. Au centre, buste de femme de profil à droite, avec banderole portant le nom : Labina. Au pour-

N° 35.

tour, rinceaux feuillagés et couronnes en camaïeu bleu et jaune sur fond blanc et jaune orangé alternant. Au marli, couronne d'ornements. — Diam., 320 millim.

42 — Fabrique de Faenza. — Vase à panse ovoïde avec double moulure saillante dans le sens horizontal, et col droit garni à sa partie supérieure de huit grosses feuilles formant anses et retombant sur la partie supérieure de la panse. Il est décoré en bleu et jaune orangé à imbrications, couronne de laurier, feuillages, rosaces et coquilles. Vente Castellani. — Haut., 270 millim.

43 — Fabrique de Faenza. — Petit plat rond à fond gros bleu au marli qui est décoré de groupes de fruits, de têtes ailées, de palmettes et d'ornements variés en camaïeu bleu, rehaussé de blanc. Au centre, écusson armorié polychrome sur fond bleu clair. — Diam., 246 millim.

44 — Fabrique de Faenza. — Plat rond et creux, forme dite *cuppa amatoria*, fond bleuté, décoré au marli d'une couronne de feuillages, de palmettes et d'ornements variés en jaune, rouge orangé et blanc. Au fond, amour assis dans un paysage. — Diam., 252 millim.

45 — Fabrique de Castel Durante. — Deux vases à panse sphérique, piédouche bas et col droit, décorés de personnages mythologiques dans des paysages, de cariatides se terminant en queue de

poisson, d'animaux et de génies ailés soutenant les armoiries de la ville de Castel Durante. (Vers 1550.) — Haut., 35 cent.

46 — Fabrique de Castel Durante. — Fort vase en forme de cornet à double renflement, à fond bleu décoré de fleurs arabesques jaunes et bleues et de médaillons ovales encadrés de couronnes de feuillages et de fruits renfermant une figure de souverain debout. — Haut., 40 cent. ; diam., 31 cent.

47 — Fabrique de Castel Durante. — Deux vases en forme de balustre décorés chacun d'un buste de saint personnage nimbé et d'ornements en camaïeu jaune sur fond gros bleu. (Vers 1540.) — Haut., 42 cent.

48 — Fabrique de Castel Durante. — Grande bouteille à panse sphérique décorée d'animaux sur fond bleu, de fruits et de feuillages sur fond clair, et offrant sous le col un amour tenant une oie et une corne d'abondance. (Vers 1540.) — Haut., 52 cent.

49 — Fabrique italienne. — Plat trilobé à décor en camaïeu bleu, les chairs légèrement teintées, représentant un triomphateur romain recevant des présents. Le revers est gaufré à ornements. — Diam., 450 millim.

50 — Fabrique italienne. — Figurine d'ange agenouillé

et tourné vers la droite, tenant la base d'un flambeau. Sculpture en terre cuite avec vêtements émaillés en couleurs, de l'école des Robbia. XVIe siècle. — Haut., 400 millim. ; larg., 270 millim.

51 — FABRIQUE ITALIENNE. — Coupe ronde à godrons et sur piédouche. Décor bleu à figure allégorique de la Force au centre et à animaux fantastiques et ornements au pourtour. — Diam., 400 millim.

52 — FABRIQUE ITALIENNE. — Plat rond à décor bleu rehaussé de jaune. Au fond, deux cavaliers combattant, l'un d'eux tient un drapeau fleurdelisé et l'autre un drapeau aux armes des Médicis. Au marli, couronne de feuillages coupée de rosaces et de trophées d'armes. — Diam., 39 cent.

53 — FABRIQUE ITALIENNE. — Plat rond à décor en bas-relief et à couverte d'émail brun. Au centre, des armoiries entourées de l'inscription suivante qui se lit à rebours : *Sia Lavdato il Santissimo Sacramento.* Au pourtour, cariatides d'hommes sonnant de la trompe, sirènes, rinceaux et fleurs. Au marli, vases, rinceaux et palmettes. — Diam., 48 cent.

54 — FABRIQUE ITALIENNE. — Coupe oblongue à bords supérieurs découpés, à godrons au pourtour et à goulot s'échappant d'un mascaron. Elle est décorée d'ornements jaunes sur fond bleu de Perse. — Haut., 13 cent. ; long., 18 cent.

55 — Fabrique inconnue. — Plaque carrée à décor à reflets métalliques rehaussé de bleu. Au centre, un écusson armorié et feuilles aux angles. — Long. et larg., 20 cent.

FAIENCES HISPANO-MORESQUES

56 — Fabrique hispano-moresque. — Grand plat rond à décor à reflets métalliques mordorés, à ornements, feuillages et inscriptions simulées. Au centre, les lettres T. E. Au revers, un aigle aux ailes éployées. — Diam., 450 millim.

57 — Fabrique hispano-moresque. — Plat rond à décor à reflets métalliques mordorés, à feuillages et portant, au centre, un écusson armorié. — Diam., 45 cent.

58 — Fabrique hispano-moresque. — Vase à panse ovoïde et col droit reliés par quatre petites anses. Décor à reflets métalliques cuivreux rehaussé de deux branches de feuillages bleus. — Haut., 210 millim.

59 — Fabrique espagnole. — Trois plaques doubles formant deux par deux une rosace à ornements en relief et à décor polychrome. — Diam., 30 cent.

FAIENCES DE PERSE

60 — Belle bouteille à panse ovoïde et long col avec renflement médian, en ancienne faïence de Perse. La panse à fond vert, tirant sur le bleu clair et décorée d'animaux et de feuillages réservés, est rehaussée d'émail bleu foncé et rouge. Le col dans sa partie inférieure est décoré de compartiments bleu foncé avec réserves d'ornements blancs rehaussés de rouge. La partie supérieure du col présente un décor analogue à celui de la panse. — Haut., 485 millim.

61 — Beau plat rond et creux à décor polychrome à fleurs, palme, feuillages et ornements. L'intérieur est décoré de fleurs et de rosaces. — Diam., 35 cent.

62 — Broc à anse et à panse sphérique, décoré de feuilles et de branches de laurier polychromes.— Diam., 20 cent.

63 — Plaque de revêtement de forme rectangulaire à décor de feuillage à reflets métalliques mordorés et portant une incription en relief émaillée bleu. Ancienne faïence de Perse. — Haut., 18 cent. ; long., 40 cent.

64-65 — Deux plaques de revêtement en ancienne faïence de Perse, représentant chacune, en bas-relief, la figure équestre du Schah Abbas II, roi de Perse, décorée d'émaux polychromes sur un fond bleu rehaussé de branches de fleurs, Belle conservation. — Haut., 190 millim.; larg., 140 millim.

66 — Petite coupe ronde en ancienne faïence de Perse à décor à reflets métalliques mordorés sur fond blanc, oiseaux et arbustes. — Haut., 42 millim.; diam., 69 millim.

67 — Flacon de Kalian à décor bleu de style chinois : dragons, rosaces et ornements variés. — Haut., 20 cent.

68 — Deux plaques de revêtement en faïence de Perse représentant en bas-relief, l'une une figure de cavalier, l'autre une branche de fleurs en relief sur fond bleu. — Haut., 183 millim. et 190 millim.; larg., 120 millim. et 150 millim.

69 — Plaque de revêtement de même faïence décorée de deux figures debout. — Haut., 210 millim.; larg., 195 millim.

FAIENCES DE PALISSY

70 — Grand plat ovale à reptiles en ancienne faïence de Bernard Palissy, fond marbré au bord et feuillages verts. Au centre, un serpent et eau simulée. — Grand diam., 57 cent.; petit diam., 46 cent.

71 — Petit plat ovale à reptiles en ancienne faïence de Bernard Palissy, à feuillages verts et coquillages blancs sur fond-bleu au bord. Au fond, lézards, poissons et coquillages sur fond d'eau simulée. Le revers est jaspé. — Grand diam., 32 cent.; petit diam., 26 cent.

FAIENCES FRANÇAISES

72 — Fabrique de Nevers. — Deux pots à fleurs de forme surbaissée, à deux anses à torsades et à couvercle légèrement bombé, percé de trous. Décor bleu à paysages, personnages et animaux de style chinois. — Haut., 25 cent.; larg., 40 cent.

73 — Fabrique de Nevers. — Petite jardinière oblongue et à quatre lobes, à deux anses à torsades, décorée de fleurs et d'ornements en blanc et jaune sur fond bleu. — Haut., 55 millim.; long., 250 millim.; larg., 155 millim.

74 — Fabrique de Nevers. — Pot ovoïde à trois anses dont une surélevée et à goulot droit, de même décor que la pièce qui précède. — Haut., 25 cent.

75 — Fabrique de Nevers. — Groupe : la Vierge debout et couronnée, portant l'Enfant Jésus sur son bras gauche. — Haut., 57 cent.

76 — Fabrique de Rouen. — Grand plat rond à décor bleu. Au centre, large écusson armorié; au marli, lambrequins ornés. Diam., 55 cent.

77 — Fabrique du Beauvoisis. — Coupe ronde, émaillée vert, à décor en relief dans le style des faïences de Nuremberg. Au centre, une Gloire entourée d'écussons, au blason de France et au chiffre F. R. alternés de l'*Ave Maria*. Le bord orné de mêmes écussons au blason de France et autres alternés des instruments de la Passion. Ce plat porte une longue inscription et l'indication qu'il a été *fait en décembre 1521*. — Diam., 36 cent.

78 — Fabrique du Pré-d'Auge. — Vase ovoïde, provenant d'un épi de faîtage. Il est décoré de rosaces saillantes et émaillé de bleu et il est orné sur chacune de ses faces de draperies saillantes émaillées blanc. — Haut., sans le socle, 25 cent.

79 — Fabrique du Pré-d'Auge. — Fragment d'épi de faîtage à vase et colombe. — Hauteur totale, 1 m. 10 cent.

80 — Faïence moderne. — Deux grands vases à décor bleu de style chinois. — Haut., 72 cent.

VERRERIE

81 — Coupe ronde en verre incolore, décorée au fond d'une peinture à froid, représentant une ronde

d'enfants. Le pourtour extérieur est décoré de rinceaux et d'ornements dorés. Travail italien du XVIe siècle. — Haut., 87 millim.; diam., 295 millim.

82 — Coupe ronde en verre incolore, gravé à fleurs et oiseaux et sur pied à ailerons travaillés à la pince. XVIe siècle. — Haut., 140 millim.; diam., 103 millim.

83 — Deux burettes en verre incolore, à filets d'émail blanc entrecroisés. — Haut., 110 millim.

84 — Deux vases ovoïdes et à côtes en verre agatisé de Venise. — Haut., 130 millim.

85 — Coupe de forme hémisphérique en verre incolore et pied à ailerons, travaillés à la pince et rehaussés d'émail bleu. — Haut., 160 millim.

86 — Deux verres de Venise à coupe évasée et sur pied à triple nœud en verre incolore et filets d'émail blanc à retortis. — Haut., 165 millim.

87 — Citron en verre émaillé jaune et branche verte. — Long., 160 millim.

88 — Broc à panse sphérique et à une anse, en verre incolore, décoré d'un écusson armorié, d'une couronne de feuilles de laurier et d'une double frise d'ornements, le tout émaillé en couleurs. Travail vénitien du XVIe siècle. — Haut., 21 cent.

89 — Plateau rond en verre incolore, à godrons saillants à l'extérieur et couronne d'ornements émaillés en couleurs avec rehauts d'or. Travail vénitien du XVIe siècle. — Diam., 273 millim.

90 — Médaillon rond, peint sur verre et à fond rouge, représentant un buste de sainte femme vêtue de vert. XVIe siècle. — Diam., 75 millim.

ÉMAUX DE LIMOGES

91 — Triptyque. Peinture en émaux de couleurs avec rehauts de dorure et points saillants imitant les pierres précieuses, attribuée à *Nardon Pénicaud.* Le volet gauche représente le Portement de croix; le tableau central, le Calvaire, et le volet droit, le sujet de la Résurrection. — Hauteur de chaque plaque, 215 millim.; largeur du tableau central, 190 millim.; largeur de chacun des volets, 80 millim.

92 — Façade de tabernacle. Peinture en émaux de couleurs avec rehauts de points d'émail sur paillon imitant les pierres précieuses, attribuée à *Nardon Pénicaud.*

La porte cintrée représente le Christ en croix entouré de deux groupes de figures. L'encadrement se compose de huit figures d'anges tenant les divers instruments de la Passion. Dans le bas, une frise reliée à la plaque principale à l'aide d'une monture de cuivre doré, représente quatre anges vêtus de long et agenouillés, dont les ailes se détachent en vert sur le fond bleu étoilé d'or. — Hauteur totale, 265 millim.; larg., 210 millim.

93 — Plaque ronde légèrement bombée. — Peinture en grisaille, chairs teintées. Attribuée à *Léonard Limousin*. Elle représente le sujet d'Hercule et Cacus. — Diamètre, sans le cadre en velours rouge et bois doré, 220 millim.

94 — Coffret oblong à couvercle en toit, composé de treize plaques peintes en émaux de couleurs sur fond noir. XVIe siècle. Douze de ces plaques représentent les divers travaux d'Hercule et celle du dessus, un buste de femme et des rinceaux. Il est monté en cuivre doré. — Hauteur totale, 115 mill.; larg., 170 millim.

95 — Plaque oblongue avec échancrure à sa partie supérieure. — Peinture en grisaille, chairs teintées sur fond noir avec rehauts d'or. Attribuée à *Pierre Pénicaud*. La plaque porte au revers le poinçon des Pénicaud. — Hauteur sans le cadre en bois noir, 95 millim.; larg., 105 millim.

96 — Plaque rectangulaire légèrement bombée. — Peinture en émaux de couleurs et sur paillons avec rehauts de dorure attribuée à *Léonard Limousin*. Elle représente l'Adoration des bergers. Dans un cadre à moulures en bois noir garni d'ornements et de mascarons en bronze. — Hauteur sans le cadre, 24 cent.; larg., 17 cent. Hauteur du cadre, 47 cent.; larg., 31 cent.

97 — Salière à panse sphérique sur piédouche à nœud. — Peinture en grisaille, chairs teintées sur fond noir, attribuée à *Jean Courtois.* La panse est décorée de mascarons et de figures couchées; la cavité présente un buste de femme, de profil à droite. Sur le piédouche, jeux d'enfants dans un paysage et sur le nœud des cariatides reliées par des groupes de fruits. — Haut., 13 cent.; diam., 85 millim.

98 — Assiette ronde. — Peinture en grisaille, chairs teintées sur fond noir avec rehauts d'or, par *Pierre Raymond.* Elle représente au fond le sujet du Triomphe d'Amphitrite et au marli des armoiries et des rinceaux qui se terminent par des cornes d'abondance et dans lesquels se jouent des enfants. Le revers offre un cartouche ainsi que quatre têtes de chérubins au centre et des rinceaux au bord. Diam., 250 millim.

99 — Deux assiettes. — Peinture en grisaille chairs teintées, avec rehauts d'or. XVIe siècle. Chacune d'elles représente au fond une scène de sacrifice, et au marli des chars et des rinceaux dans lesquels se jouent des satyres et des enfants. A l'extérieur, armoiries entourées de médaillons de personnages, de figures nues, de mascarons et d'ornements. — Diam., 200 millim.

100 — Plaque rectangulaire en hauteur. — Peinture en émaux de couleur et sur paillon rehaussée de dorure, attribuée à *Jean Limousin.* A droite, groupe de saintes femmes en prière, l'une d'elles portant

la couronne royale. A gauche, groupe de saints évêques agenouillés. Aux pieds de l'un d'eux, le nom : *Saint Aycadre*. Ces deux groupes de personnages sont en adoration devant la Vierge, assise, tenant l'Enfant Jésus sur ses genoux et qui occupe le haut du tableau. Dans le même cadre de velours ponceau avec moulures de cuivre est montée une cavité de salière peinte en grisaille, teintée sur fond noir et attribuée à Jean Courtois, qui représente un buste de femme de profil à gauche. — Plaque : Haut., 128 millim.; larg., 103 millim. Cavité : Diam., 50 millim.

101 — Petite plaque rectangulaire. — Peinture en grisaille sur fond noir, par *Kip*. Combat de cavaliers. — Haut., sans le cadre en bois noir, 43 millim.; larg., 40 millim.

102 — Plaque rectangulaire. — Peinture en grisaille sur fond noir rehaussée de dorure. XVIᵉ siècle. Elle représente des rinceaux et des cornes d'abondance qui se terminent par des têtes d'enfants. — Haut., sans le cadre en bois noir, 34 millim.; larg., 220 millim.

103 — Plaque ronde. — Peinture en émaux de couleur avec rehauts de dorure par *Pierre Raymond*. — Elle représente le Christ en croix entre saint Jean et Madeleine. — Dans un cadre en étoffe brodée. — Diam., sans cadre, 80 millim.

104 — Petite plaque ronde. — Peinture en émaux de

couleur attribuée à *Pierre Raymond*. Elle représente l'Adoration des Bergers. — Diam., sans le cadre en bois, 61 millim.

105 — Plaque rectangulaire. — Peinture en grisaille, chairs teintées, attribuée à Jean Courtois. Elle représente le passage de la mer Rouge. — Haut., sans le cadre en bois noir, 84 millim.; larg., 90 millim.

106 — Plaque ronde. — Peinture en grisaille avec rehauts d'or. XVIe siècle. Elle représente le sujet de l'Annonciation. — Diam., sans le cadre en bois noir, cuivre et velours, 120 millim.

107 — Assiette. — Peinture en grisaille sur fond noir, avec rehauts d'or, attribuée à *Pierre Pénicaud*. — Elle représente Joseph descendu dans le puits. Au marli, médaillons renfermant des figures debout en camaïeu sur fond blanc. Le revers est décoré d'un cartouche avec figurines de génies, renfermant un buste de femme de profil à gauche, indiqué comme étant celui de Pallas. — Diam., sans le cadre en bois sculpté, 190 millim.

SCULPTURES EN MARBRE

108 — Marbre blanc. — Bas-relief cintré à sa partie supérieure, attribué à *Mino de Fiesole*. Il représente la Vierge vue à mi-corps et vêtue d'une

tunique ajustée, tenant l'Enfant Jésus assis sur sa main gauche. Le groupe est encadré de branches, de fleurs et de feuillages. — Haut., sans le cadre en bois, 670 millim.; larg., 480 millim.

109 — Marbre blanc. — Haut-relief de l'école de Luca della Robbia, représentant la Vierge assise vue à mi-jambes, tenant l'Enfant Jésus nu debout sur sa jambe gauche. Dans le champ, six têtes de chérubins sont sculptées en bas-relief. Premières années du xvie siècle. Dans un cadre en bois noir rehaussé de moulures dorées. — Haut. du bas-relief, 630 millim.; larg., 550 millim. Haut. du cadre, 1^{m},15 ; larg., 780 millim.

110 — Marbre blanc. — Tête de femme, grandeur petite nature, coiffée d'un diadème incomplet. Travail ancien, de style antique. Sur piédouche en marbre grisâtre veiné. — Haut., sans le piédouche, 210 millim.

111 — Marbre tendre. — Haut-relief cintré, représentant le sujet de Suzanne et les Vieillards. Dans le fond, monument orné d'un grand nombre de sculptures. Travail des premières années du xviie siècle. Dans un cadre en bois de noyer, à fronton cintré et découpé, enrichi d'incrustations de marbre. — Haut. de la sculpture, 430 millim.; larg., 290 millim. Haut. du cadre, 860 millim.; larg., 460 millim.

112 — Marbre blanc. — Deux têtes de chérubins, gran-

N° 108.

deur petite nature et disposées pour être appliquées. Travail français du xviie siècle. — Haut., 350 millim.; larg., 250 millim.

113 — Marbre blanc. — Statuette d'enfant debout, tenant un arc, s'appuyant sur un tronc d'arbre et posant le pied gauche sur un carquois. Travail flamand du xviie siècle. — Haut., 630 millim.

114 — Terre cuite. — Groupe de trois figures; faune et nymphes. Beau travail du xviiie siècle. — Haut., 500 millim.; larg., 300 millim.

115 — Marbre blanc. — Deux lions couchés sur socles en marbre. — Haut., 250 millim.; long., 390 millim.; larg., 130 millim.

116 — Marbre blanc. — Petit buste de Louis XV, portant l'armure et un manteau. Travail du temps. — Haut., y compris le piédouche, 430 millim.

117 — Marbre blanc. — Buste de femme, de l'école de Canova, grandeur nature. — Haut., 550 millim.

SCULPTURES EN BOIS

(petites)

118 — Buis. — Charmante statuette de femme de qualité, debout, vêtue d'un riche costume du xvie siècle. Elle porte une coiffure élégante d'où s'échap-

N° 118.

pent deux longues nattes qui lui retombent sur les épaules. Elle relève sa jupe de la main droite. Beau travail français du xvie siècle. — Haut., sans la base, 44 cent.

119 — Buis. — Petit groupe représentant la Vierge assise sur un banc, supporté par cinq anges debout et couronnée par deux anges. Elle tient l'Enfant Jésus assis sur ses genoux et ses pieds reposent sur deux lions couchés. La base oblongue et à pans présente des bustes d'apôtres sculptés en bas-relief. Ce groupe, dont toutes les parties ont été prises dans le même morceau de bois, date des premières années du xvie siècle. — Haut., 140 millim.; larg., 68 millim.

120 — Bois. — Jolie statuette d'homme debout portant l'armure et un long manteau, et coiffé d'un chapeau rond bas. Il tient de ses deux mains un reliquaire quadrangulaire qui renferme une relique au nom d'Adrien; un lion est couché entre ses jambes. xvie siècle. — Haut., 390 millimètres.

121 — Bois. — Statuette d'ange vêtu d'une tunique et reposant sur des nuages. xviie siècle. — Haut., sans le socle en bois, 34 cent.

122 — Bois. — Coffret oblong sculpté en bas-relief, décoré de quadrillages et portant au pourtour des inscriptions gothiques et sur le dessus un arbrisseau et les lettres H et G, surmontées de

N° 120.

couronnes ouvertes. Il a conservé ses ferrures du temps. Travail du XVe siècle. — Haut., 11 cent., long., 26 cent.; larg., 19 cent.

123 — Bois de noyer. — Statuette de sainte femme debout, vêtue d'un costume du XVIe siècle et tenant un missel de la main gauche. Le bras droit manque. XVIe siècle. — Haut., 50 cent.

124 — Bois. — Beau groupe représentant le sujet de la Charité et composé d'une figure de femme assise, entourée de trois enfants nus. XVIIe siècle. — Haut., 42 cent.; larg., 32 cent.

125 — Bois. — Gaine sculptée en bas-relief et représentant diverses scènes tirées de l'Ancien Testament. Elle porte diverses inscriptions ainsi que la date de 1609. — Long., 255 millim.

126 — Bois. — Deux manches de couteaux sculptés à figures; l'un d'eux représente le sacrifice d'Abraham et l'autre la Foi et l'Espérance. Ce dernier est garni d'une lame en acier. — Long., 85 millim. et 250 millim.

127 — Bois. — Grande râpe à tabac décorée de trophées d'armes et d'un chiffre couronné, soutenu par deux lions héraldiques, le tout sculpté en bas-relief. Travail de la fin du XVIIe siècle. — Long., 43 millim.

128 — Bois. — Peigne finement sculpté et découpé à

jour à ornements gothiques et portant la devise suivante : *A ma mie je le done.* Deux petits compartiments ouvrant à coulisses renferment chacun un petit miroir rond. xvie siècle. — Long., 185 millim.; larg., 110 millim.

129 — Buis. — Haut-relief représentant saint Sébastien martyr, dans une niche encadrée d'ornements à rinceaux et supportée par une tête de chérubin et des rinceaux. xviie siècle.—Haut., 130 millim.; larg., 67 millim.

130 — Buis. — Râpe à tabac placée à l'intérieur d'une petite barque dont le dessus porte une figure d'Amphitrite debout ainsi que la devise : *Rien de plus inconstant.* xviie siècle. — Long., 210 millim.

131 — Bois. — Bas-relief représentant le jugement de Salomon. xviie siècle. — Haut., 62 millim.; larg., 157 millim.

132 — Bois. — Deux médaillons ronds, l'un d'eux à double face, sculptés en bas-relief et découpés à jour, représentant le Calvaire, le Christ et la Vierge entourés d'apôtres. Travail gréco-russe. — Diam., 60 millim.

133 — Bois. — Boîte ovoïde ouvrant de quatre côtés et ses couvercles ornés chacun d'un mascaron. Les entre-deux sont ornés de colonnettes. xviiie siècle. — Haut., 70 millim.; larg., 50 millim.

134 — Bois. — Petit cadre composé d'ornements rocaille et surmonté d'un groupe de deux figures d'enfants. xviiie siècle. Il renferme un portrait de femme peint à l'huile sur cuivre. — Haut., 170 millim.; larg., 100 millim.

135 — Bois. — Étui sculpté en bas-relief à figures, colonnettes et mascarons. xviie siècle. — Long., 153 millim.

136 — Bois. — Figurine d'homme barbu portant un petit manteau et un chapeau bas. xviie siècle. — Haut., 75 millim.

137 — Bois. — Petit buste de femme coiffée d'une plume et de roses, provenant vraisemblablement du manche d'un instrument. xviiie siècle. — Haut., 100 millim.

138 — Bois. — Statuette de sainte Madeleine debout et drapée, les mains jointes. xviie siècle. — Haut., 350 millim.

139 — Bois. — Statuette d'Hercule assis. Il tient de chacune de ses mains un écusson armorié. xviie siècle. — Haut., 185 millim.

140 — Bois. — Deux petits bustes de femmes portant des corsages et des coiffures de la fin du xvie siècle. — Haut., sans le pied en bois, 75 millim.

141 — Buis. — Petit groupe. La Vierge debout, vêtue de

long, portant l'Enfant Jésus nu de ses deux bras. Sur socle, également en buis, orné de deux têtes de chérubins. XVIIe siècle. — Hauteur totale, 33 cent.

SCULPTURES EN BOIS

(GRANDES)

142 — BOIS DE NOYER. — Tableau sculpté en haut-relief représentant le sujet de l'enlèvement des Sabines. Dans le haut, groupe de cavaliers poursuivant leurs victimes; au-dessous, deux femmes debout dans un paysage et jouant de la mandoline; dans le bas, ronde d'enfants. XVIe siècle. — Haut., 60 cent.; larg., 1 mètre.

143 — BOIS DE NOYER. — Longue frise sculptée en bas-relief à rinceaux, cariatides et figures de génies. XVIe siècle. — Long., 2 mètres 10 cent.; haut., 22 cent.

144 — BOIS DE NOYER. — Frise analogue à celle qui précède, mais moins longue. — Haut., 125 millim.; long., 99 cent.

145 — BOIS DE CHÊNE. — Statuette-applique de femme debout et drapée, tenant un serpent de la main gauche (Lucrèce?). XVIe siècle. — Haut., 97 cent.

146 — BOIS DE NOYER. — Buste de sainte femme, grandeur

petite nature, formant reliquaire. xvie siècle. — Haut., 31 cent.

147 — Bois de chêne. — Statuette-applique de sainte femme agenouillée tenant un linge. Cette pièce porte des traces de dorure et provient d'un retable du xvie siècle. — Haut., 36 cent.; larg., 28 cent.

148 — Bois de chêne. — Deux colonnettes torses sculptées en bas-relief à festons de chêne. xvie siècle. — Haut., 87 cent.

149 — Bois de noyer. — Devant de coffre décoré d'ornements gothiques et des armes de France, sculptés en bas-relief. xve siècle. — Haut., 1 m. 60 cent.; larg., 54 cent.

150 — Bois de noyer. — Deux montants formés chacun d'une cariatide d'homme se terminant en volute. xvie siècle. — Haut., 55 cent.

151 — Bois. — Devant de bahut sculpté en bas-relief et représentant trois saints évêques vus à mi-corps sous des arceaux à plein cintre. xvie siècle. — Haut., 65 cent.; larg., 1 mètre 25 cent.

152 — Bois. — Porte d'armoire décorée de deux panneaux sculptés à ornements. xviie siècle. — Hauteur totale, 1 mètre 20 cent.; larg., 53 cent.

153 — Bois de noyer. — Panneau carré représentant en

bas-relief diverses divinités de la fable. xvie siècle. — Haut., 35 cent.; larg., 37 cent.

154 — Bois de noyer. — Panneau carré représentant une divinité assise dans un paysage. xvie siècle. — Haut., 28 cent.; larg., 25 cent.

155 — Statue en bois peint et doré. La Vierge debout, vêtue d'une robe rouge et d'un manteau bleu. Travail de la fin du xve siècle. — Haut., 82 cent.

156 — Groupe en bois sculpté portant des traces de dorure; la Vierge debout et drapée porte l'Enfant Jésus. xviie siècle. — Haut., 70 cent.

SCULPTURES EN IVOIRE

157 — Ivoire. — Petit groupe représentant la Vierge assise et drapée de long, tenant l'Enfant Jésus debout sur ses genoux. Ce dernier est vêtu d'une longue tunique. Travail français du xive siècle. — Haut., 135 millim.

158 — Ivoire. — Plaque rectangulaire en hauteur sculptée en bas-relief, représentant le Christ assis et bénissant. Aux angles, les symboles des évangélistes et encadrement formé de feuilles. xiie siècle (?) — Haut., 190 millim.; larg., 80 millim.

159 — Ivoire. — Dessus de coffret sculpté en bas-relief et représentant une scène de tournoi entre

deux cavaliers armés de toutes pièces et en présence de divers personnages placés à un balcon. XIVe siècle. — Haut., 100 millim.; larg., 172 millim.

160 — Ivoire. — Petit bas-relief rectangulaire sans fond, représentant le Couronnement de la Vierge. Travail très fin du XIVe siècle. Il est rehaussé de couleurs et de dorure et il est placé au centre d'un baiser de paix, en cuivre doré du XVIe siècle. — Haut., sans le cadre, 48 millim.; larg., 40 millim.

161 — Ivoire. — Quatre volets provenant d'un polyptyque, sculptés en bas-relief et représentant en deux registres superposés diverses scènes tirées de la vie du Christ, placées sous des arceaux en ogive. XVe siècle. — Largeur totale, 153 millim.; haut., 237 millim.

162 — Ivoire. — Diptyque sculpté en bas-relief. Il offre, en trois registres superposés, diverses scènes tirées de la vie du Christ. XVe siècle. — Haut., 170 millim.; largeur totale, 210 millim.

163 — Ivoire. — Petit diptyque sculpté en bas-relief et représentant sous des arceaux en ogive, sur un des volets, la Vierge debout entre saint Jean et saint Paul; sur l'autre, le Christ en croix entre saint Jean et Madeleine. XVe siècle. — Haut., 92 millim.; largeur totale, 120 millim.

164 — Ivoire. — Deux tablettes à écrire sculptées en bas-relief et représentant, l'une, un guerrier couché, armé de son glaive et ayant un lion assis près de lui; l'autre, un groupe amoureux dans un paysage. xive siècle. — Haut., 82 millim.; larg., 45 et 54 millim.

165 — Ivoire. — Peigne découpé à jour et représentant, sculptés en bas-relief, des cariatides et des rinceaux. Au centre, bustes d'homme et de femme et mascarons aux extrémités. xvie siècle. — Haut., 104 millim.; larg., 155 millim.

166 — Ivoire. — Groupe-applique représentant la Vierge debout, vêtue de long et portant l'Enfant Jésus assis sur son bras gauche. xive siècle. — Haut., 165 millim.

167 — Ivoire. — Statuette. La Vierge vêtue de long, les deux mains appuyées sur sa poitrine et agenouillée devant un prie-Dieu orné d'une cariatide d'ange. xviie siècle. — Haut., 145 millim.

168 — Ivoire. — Coffret oblong, à couvercle en toit, couvert dans toutes ses parties de bas-reliefs d'ivoire représentant des sujets tirés de l'Ancien et du Nouveau Testament. Sur le couvercle, une figure couchée, ainsi que deux écussons armoriés. Les divers bas-reliefs de ce coffre sont reliés entre eux à l'aide de moulures de bois noir. Travail vénitien du xive siècle. — Haut., 35 cent.; long., 48 cent.; larg., 27 cent.

169 — Ivoire. — Joli petit buste d'homme portant le costume et la perruque à rallonges du temps de Louis XIV, signé C. Lacroix, et représentant, dit-on, le portrait de Colbert. Il repose sur un socle élégant en fine marqueterie de cuivre sur écaille, décoré d'ornements et portant un chiffre enlacé. Époque Louis XIV. — Hauteur du buste, 140 millim.; hauteur totale, 380 millim.

170 — Ivoire. — Statuette. L'Enfant Jésus debout sur une tête de chérubin. Une draperie est posée sur son épaule gauche et il tient un poisson de la main droite. xviie siècle. — Haut., 195 millim.

171 — Ivoire. — Deux statuettes représentant Flore et Zéphyr debout. xviie siècle. — Hauteur, sans les socles en bois noir, 190 millim.

172 — Ivoire. — Statuette. L'Enfant Jésus debout posant le pied gauche sur une tête de mort. xviie siècle. — Hauteur, sans le socle en bois noir, 110 millim.

173 — Ivoire. — Petit cippe sculpté en bas-relief et représentant des jeux d'enfants dans le goût de François Flamand. xviie siècle. — Haut., 70 millim.; diam., 50 millim.

174 — Ivoire. — Groupe-applique représentant la Vierge debout, vêtue de long, portant l'Enfant Jésus sur son bras gauche et ayant auprès d'elle deux enfants debout, dont l'un tient une colombe. xviie siècle. — Haut., 270 millim.

175 — IVOIRE. — Bas-relief carré représentant Diane découvrant la grossesse de Callisto. Composition de dix figures. XVIIe siècle. Dans un cadre en bois noir avec appliques en cuivre et cabochons en jaspe de Sicile. — Hauteur, sans le cadre, 200 millim.; larg., 165 millim.

176 — IVOIRE. — Bas-relief rectangulaire en hauteur, représentant la Sainte Famille. Dans un cadre doré à colonnettes. — Hauteur, sans le cadre, 140 millim.; larg., 105 millim.

177 — IVOIRE. — Couteau à lame gravée et dorée, avec manche d'ivoire formé des figures de Vénus et de l'Amour debout. XVIe siècle. — Long., 265 millim.

178 — IVOIRE. — Autre couteau avec manche formé d'une figurine de Cléopâtre debout. Même époque. — Long., 265 millim.

179 — IVOIRE. — Couteau à manche formé d'une figurine d'homme debout tenant un arc et un soleil. XVIIe siècle. — Long., 250 millim.

180 — IVOIRE. — Couteau pliant à manche d'ivoire formé d'une cariatide de sirène se tenant les seins. XVIIe siècle. — Long., 94 millim.

181 — IVOIRE. — Autre couteau pliant à manche d'ivoire formé d'une cariatide de femme ailée se terminant en volute. — Long., 90 millim.

182 — Ivoire. — Figurine d'enfant nu en ronde bosse. xviie siècle. — Haut., 94 millim.

183 — Ivoire. — Deux très petites figurines, enfant assis et amour voltigeant. xviie siècle. — Haut., 30 et 35 millim.

184 — Ivoire. — Petite boîte profonde et à contours, portant sur sa face principale un écusson armorié, surmonté d'une couronne de comte, et sur le couvercle une coquille et deux palmes. — Époque Louis XIV. — Haut., 40 millim.; larg., 67 millim.

BIJOUX ET ORFÈVRERIE

185 — Très belle cuiller pliante formant fourchette, en argent finement ciselé, gravé, doré, et enrichie de rubis et de diamants tables. Le manche est orné de figurines d'anges, de mascarons et d'un petit groupe représentant saint Georges à cheval combattant le dragon ; il se termine par une boule découpée à jour, surmontée d'une figurine agenouillée. L'attache du cuilleron est formée d'une cariatide d'ange et de deux petites têtes d'hommes en ronde bosse. Précieux travail allemand du xvie siècle. — Longueur totale, 186 millim.

186 — Croix de col en or émaillé noir et décorée de rosaces et d'ornements gravés réservés. Une de ses faces est incrustée de cristaux taillés à l'imi-

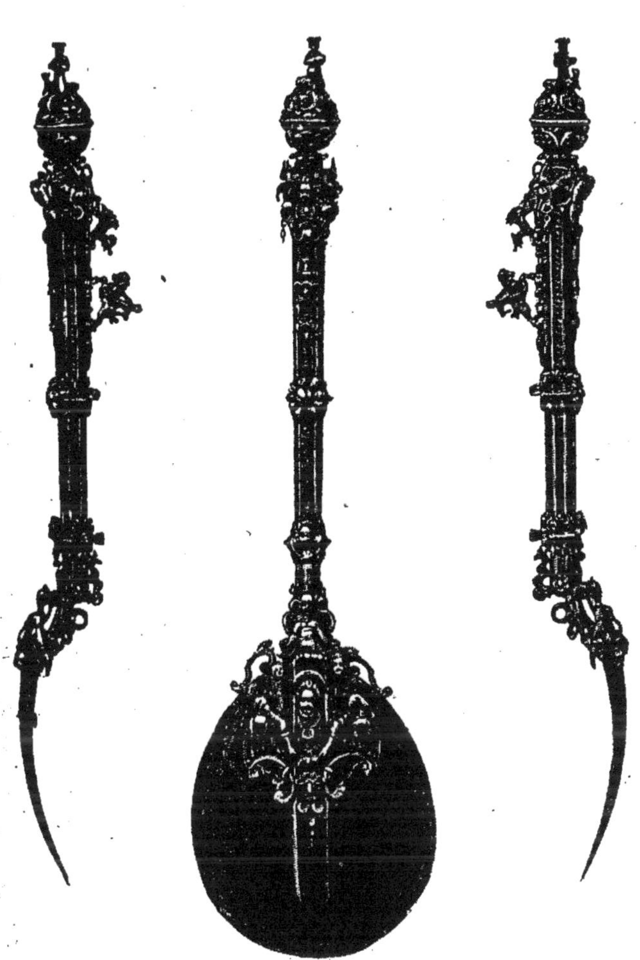

Nº 185.

tation de diamants-tables. XVIe siècle. — Haut., 70 millim.

187 — Croix-reliquaire en or émaillé noir et blanc et terminée à chacune de ses extrémités par trois perles fines. Une de ses faces présente six ouvertures ovales garnies de cristaux et contenant des reliques. L'autre présente les instruments de la Passion rapportés en relief et émaillés en couleurs. XVIe siècle. — Haut., 97 millim.

188 — Petit vidrecome en argent repoussé à bossages et doré. Le bouton du couvercle est formé de trois petites consoles, son attache est ornée d'une petite sirène et l'anse est formée d'une cariatide d'homme. Travail allemand du XVIIe siècle. — Haut., 165 millim.

189 — Coupe en forme d'ananas, en argent repoussé et doré, sur pied orné d'une figurine de bûcheron sur un tronc d'arbre. Travail allemand du XVIIe siècle. — Haut., 230 millim.

190 — Gobelet en argent repoussé à armoiries et ornements et reposant sur trois boules. Allemagne, XVIIIe siècle. — Haut., 90 millim.

191 — Tasse à vin en argent repoussé à côtes, avec anse formée d'un serpent et décorée au fond d'une médaille portant la date de 1684. — Diam., 10 cent.

192 — Médaillon rond, émaillé sur ses deux faces. Il représente un groupe d'amours musiciens et un groupe de femmes entourés d'une couronne de fleurs polychromes dont l'une se détache sur un fond blanc et l'autre sur un fond noir. Époque Louis XIII. — Diam., 36 millim.

193 — Petite coupe à boire de forme sphérique, en argent, dorée à l'intérieur et enrichie de médailles en cuivre portant toutes la date de 1715. — Haut., 50 millim. ; diam., 76 millim.

ARMES

194 — Arbalète de forme très élégante, en bois de noyer incrusté de figurines, cariatides, bustes, rinceaux et animaux en ivoire finement gravé. Elle est garnie en fer gravé. XVIe siècle. — Long., 92 cent.

195 — Autre arbalète du XVIe siècle en bois de chêne sculpté à figurine de satyre, animal fantastique à tête humaine, mascaron et ornements. — Long., 93 cent.

196 — Joli mousquet à rouet, avec monture incrustée de filets d'argent et avec canon et sous-garde en acier bleui incrusté d'or et d'argent à ornements et cariatides ciselés en relief. Le canon porte la signature de *J. Habert à Nancy*. Travail des premières années du XVIIe siècle. — Long., 1 m. 23 cent.

197 — Pistolet à rouet à double batterie et à deux canons, avec monture incrustée de filets d'argent et de nacre de perle gravée à rosaces. Les canons sont décorés d'ornements dorés. Travail de la fin du XVIe siècle. — Long., 69 cent.

198 — Amorçoir du XVIe siècle en cuivre finement ciselé, gravé et doré. Il représente sur une de ses faces un sujet de chasse en bas-relief et sur l'autre des entrelacs gravés. — Haut., 200 millim.

199 — Clef d'arquebuse formant amorçoir en fer gravé à ornements. XVIe siècle. — Long., 190 millim.

200 — Clef d'arquebuse à triple branche et formant amorçoir piriforme en fer, décorée d'ornements argentés. XVIe siècle. — Long., 190 millim.

201 — Deux clefs d'arquebuse, l'une d'elles à tige se terminant par des ornements découpés, et l'autre formant mesure à poudre à tige carrée ciselée à ornements et conservant des traces de dorure.— Long., 200 et 160 millim.

202 — Couteau à lame courbe dont le dos est ciselé à ornements. Le manche en bois incrusté de nacre est garni en cuivre ciselé, — Long., 260 millim.

203 — Couteau à manche plat en argent gravé à figures et ornements et découpé à son extrémité. XVIe siècle. — Long., 220 millim.

204 — Trois pièces : Deux couteaux et un fusil à repasser, à manches en bois et en ivoire teint en rouge. — Long., 240 millim. ; 170 millim. ; 180 millim.

205 — Couteau à lame plate portant des traces de gravure et de dorure et à manche en fer et ivoire. XVIe siècle. — Long., 230 millim.

206 — Pulverin en cuivre avec ornements en relief rapportés. XVIIe siècle. — Haut., 23 cent.

207 — Amorçoir circulaire en ivoire avec plaques en cuivre gravé et doré rapportées. XVIIe siècle. — Diam., 95 millim.

208 — Porte-mousqueton en fer ciselé à feuilles et têtes d'animaux. — Long., 110 millim.

209 — Poignard-pistolet à manche et garniture en argent doré, lame de damas damasquinée d'or et à double canon décoré d'ornements incrustés d'or. Le bois du pistolet est incrusté de filets d'argent. Travail turc. — Long., 47 cent.

210 — Couteau persan à lame et garniture du manche en damas damasquiné d'or à ornements, fleurs et animaux. Le manche est en morse. — Long., 330 millim.

OBJETS EN FER

211 — Beau coffret oblong en fer gravé, décoré d'appliques en fer gravé, découpé et doré, rapportées. Il est orné aux angles de colonnettes à balustres dorées et ses pieds sont formés de lions couchés en bronze doré, sa serrure visible se compose de huit pènes doubles. XVIe siècle. — Haut., 16 cent.; long., 32 cent.

212 — Tige en fer forgé, à nœud orné d'un buste de femme et placé entre deux colonnettes cannelées avec ornements feuillagés et découpés à jour à leurs extrémités. Travail des premières années du XVIIe siècle. — Long., 64 cent.

213 — Battant de porte en forme de balustre à chapiteau orné et attache, formée de l'avant d'un lion et d'un mascaron. XVIIe siècle. — Long., 205 millim.

214 — Deux pièces provenant d'une trousse du XVIe siècle, à manches en os gravé se terminant par un vase en cuivre doré. Couteau à large lame gravée et dorée et fourchette à deux pointes en fer ciselé et découpé. — Long., 315 millim. et 285 millim.

215 — Couteau à long manche quadrangulaire en ivoire et lame gravée et dorée, décorée d'ornements et de figures. XVIe siècle. — Long., 335 millim.

216 — Couteau à manche de marbre rosé et lame gravée et dorée à sa partie inférieure. XVIe siècle. — Long., 295 millim.

217 — Trois petits couteaux entièrement en fer. Les manches découpés à leurs extrémités et le talon des lames sont gravés et dorés. Ils sont placés dans une gaine à pans en cuir noir décorée de figures mythologiques en couleurs et d'ornements très fins dorés. XVIe siècle. — Long. de la gaine, 202 millim.

218 — Escarcelle en velours rouge brodé, avec médaillon renfermant un buste de saint évêque, et garni d'un fermoir surmonté d'un petit château fort en fer. XVIe siècle. — Hauteur totale, 460 millim.

219 — Bague composée de deux jolies cariatides ailées à têtes fantastiques. — Diam., 32 millim.

220 — Très petit médaillon ovale en fer ciselé à figures et ornements et damasquiné d'or. XVIe siècle. — Haut., 34 millim.; larg., 19 millim.

221 — Etui à ciseaux du temps de Louis XIII, en fer gravé à fleurs et oiseaux. — Long., 84 millim.

222 — Tire-bouchon avec étui en fer ciselé à trophées d'armes et fleurs. XVIIIe siècle. — Long., 82 millim.

223 — Plaque cintrée à sa partie supérieure et bombée à son centre, en fer repoussé et ciselé sur fond d'or. Elle représente Louis XIV à cheval et une renommée voltigeant, dans un médaillon formé de branches de chêne et de laurier, surmonté d'un soleil et de la couronne royale. Travail du temps. — Haut., 13 cent. ; larg., 75 millim.

224 — Écusson armorié en fer ciselé et découpé à jour. XVIIe siècle. — Haut., 145 millim. ; larg., 105 millim.

225 — Deux bas-reliefs représentant des scènes de batailles de l'époque de Louis XIV, d'après Van der Meulen. — Haut., 118 millim. ; larg., 176 millim.

226 — Clef de harpe du temps de Louis XVI, en fer ciselé à fleurs et ornements sur fond damasquiné d'or. — Diamètre de l'anneau, 34 millim.

227 — Deux pièces en fer : 1° Entrée de serrure composée d'armoiries surmontées d'un bonnet et de deux crosses d'évêque et encadrées d'ornements ajourés. 2° Chiffre en fer gravé et découpé à jour surmonté d'une couronne royale. — Haut., 12 cent. et 13 cent.

CLEFS EN FER

228 — Curieuse clef du xve siècle, en fer et cuivre, dont la tête a la forme d'un château fort. — Long., 135 millim.

229 — Clef gothique en fer, conservant des traces de dorure. La tête est formée de deux rosaces en fer découpé, accolées, mais de dessins différents, surmontées de fleurons simulant une couronne. xve siècle. — Long., 140 millim.

230 — Clef, de travail oriental, en fer incrusté d'argent, à tête plate et ovale en cuivre finement gravé, à ornements. xvie siècle (?). — Long., 120 millim.

231 — Clef en fer, composée de deux cariatides ailées se terminant en queue de poisson et reposant sur un chapiteau corinthien. — Long., 110 millim.

232 — Grande clef en fer, composée de deux oiseaux fantastiques reposant sur un chapiteau corinthien. Le canon a la forme d'une croix. xvie siècle. — Long., 148 millim.

233 — Clef à tête formée de deux oiseaux fantastiques se terminant en rinceaux et reposant sur un chapiteau corinthien. xvie siècle. — Long., 145 millim.

234 — Clef analogue à celle qui précède. Entre les oiseaux se voit une tête humaine à double face. — Long., 120 millim.

235 — Clef de même style que celle qui précède, mais en mauvais état. — Long., 150 millim.

236 — Grosse clef avec canon triangulaire et tête composée d'un éléphant debout supportant une tour, dans laquelle se trouve un personnage vu à mi-corps. — Long., 190 millim.

237 — Clef à canon quadrangulaire et tête composée d'enroulements découpés, reposant sur un groupe de quatre petits balustres. XVe siècle. — Long., 93 millim.

238 — Clef à tête circulaire découpée renfermant une croix. XVIIe siècle. — Long., 100 millim.

239 — Clef à tête plate découpée, composée de trois rosaces reliées par des rinceaux. XVIIe siècle. — Long., 128 millim.

240 — Clef à tête plate à rinceaux, surmontée d'une couronne. XVIIe siècle. — Long., 126 millim.

241 — Clef à rinceaux et à double palmette. XVIIe siècle. — Long., 120 millim.

242 — Double clef en fer doré et montée sur pivot sur-

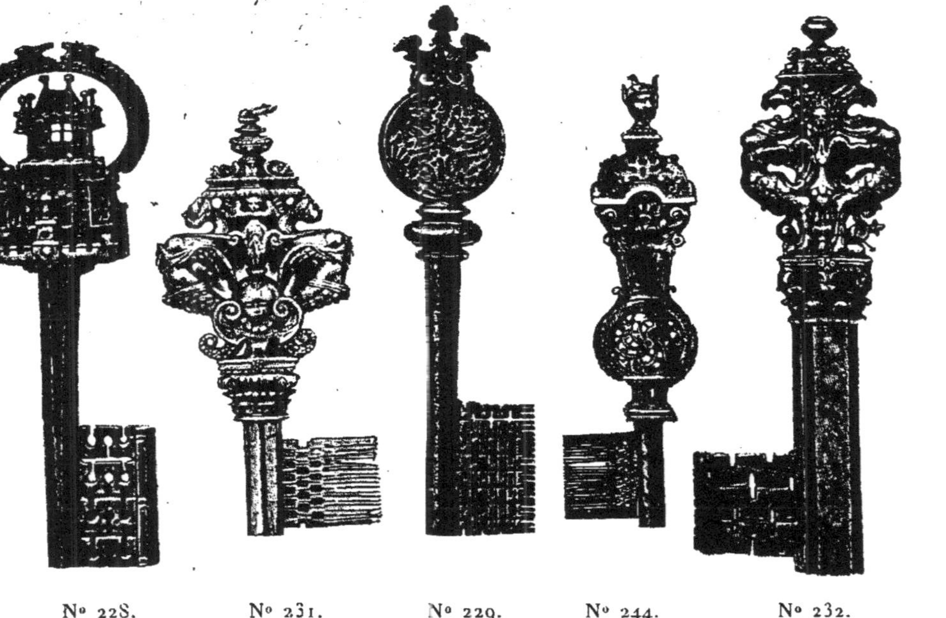

N° 228. N° 231. N° 229. N° 244. N° 232.

monté d'un chiffre découpé. XVIIe siècle. — Long., 145 millim.

243 — Triple clef montée sur pivot. — Long., 92 millim.

244 — Jolie clef du temps de Louis XIV, à rosace découpée et tête quadrangulaire ajourée et décorée d'ornements ciselés rapportés. Elle est surmontée d'une tête de satyre en ronde bosse. Pièce de maîtrise. — Long., 116 millim.

245 — Clef à tête plate, conservant des traces de dorure et portant un chiffre entouré d'ornements découpés à jour et surmonté d'une couronne royale. — Long., 105 millim.

246 — Clef à tête plate en fer découpé à jour, à rosaces et couronne. La tige est ornée de fleurons découpés. XVIIe siècle. — Long., 96 millim.

247 — Clef à tête plate à ornements et couronne découpés et à tige à côtes longitudinales taillées. XVIIe siècle. — Long., 112 millim.

248 — Clef à tête plate à enroulements et couronne découpés et à tige à côtes longitudinales unies. XVIIe siècle. — Long., 108 millim.

249 — Clef à tête formée d'un chiffre enlacé, encadré d'ornements ciselés. La tige est unie. XVIIe siècle. — Long., 121 millim.

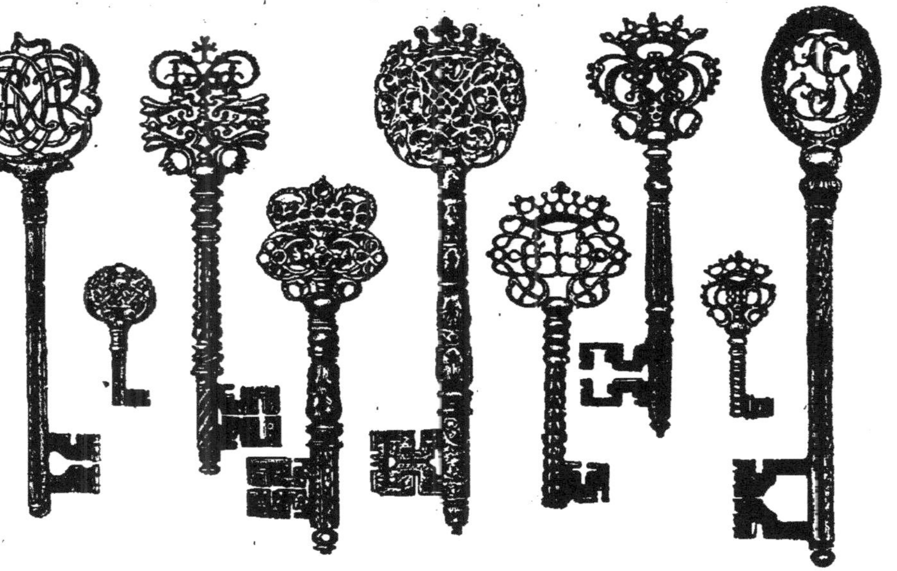

N° 249. N° 254. N° 247. N° 245. N° 250. N° 248. N° 252. N° 253. N° 257.

250 — Clef à tête plate composée d'un chiffre, d'ornements et d'une couronne gravés et repercés à jour. La tige est décorée d'un quadruple rang de feuilles gravées et découpées à jour. XVIIe siècle. — Long., 131 millim.

251 — Clef à tête finement ciselée et découpée à jour. Elle se compose de deux oiseaux fantastiques se terminant en rinceaux et volutes reliées par une draperie. XVIIIe siècle. — Long., 120 millim.

252 — Petite clef à tête composée d'ornements et d'une couronne découpés à jour. La tige est taillée à cannelures et imbrications verticales. XVIIe siècle. — Long., 83 millim.

253 — Très petite clef à tête, composée de rinceaux et d'une couronne ouverte en fer gravé et découpé à jour. XVIIe siècle — Long., 42 millim.

254 — Très petite clef du temps de Louis XV, en fer finement ciselé, à treillis, ornements et fleurs. — Long., 36 millim.

255 — Clef en fer à tête ornée d'une corbeille de fleurs. Époque Louis XV. — Long., 130 millim.

256 — Clef Louis XV, à tête, composée d'ornements rocaille ciselés et découpés à jour. — Long., 142 millim.

257 — Belle clef du temps de Louis XVI, en acier ciselé

et damasquiné d'or. La tête, de forme ovale et découpée à jour, renferme un chiffre composé des lettres J. et G. enlacées et entourées de fleurs. La tige à cannelures en spirale est décorée de feuillages. — Long., 143 millim.

258 — Clef à canon cannelé et tête en forme de lyre ornée de deux dauphins. Époque Louis XVI. — Long., 90 millim.

259 — Curieux passe-partout de forme cylindrique, portant les mots gravés : SECURITAS PUBLICA. Travail de la fin du XVIIIe siècle. — Long., 145 millim.

OBJETS VARIÉS

(OCCIDENT)

260 — Belle horloge allemande du XVIIe siècle, de forme rectangulaire de plan, en cuivre doré, avec colonnettes aux angles et moulure à la base repoussée à ornements et mascarons reposant sur quatre sphinx ailés se terminant en volutes. Le dôme, à ornements feuillagés, repoussés et découpés à jour, est surmonté d'une ligne de balustres et de consoles à volute servant de base à une sphère à jour. Les angles supérieurs sont ornés de vases tournés et chacune de ses faces présente des cadrans, dont quelques-uns sont exécutés en argent émaillé. Le socle, en bois d'ébène, est garni aux angles de pieds en bronze doré. — Haut., 72 cent.; larg., 49 cent.

261 — Curieuse horloge allemande du xvie siècle, en forme de livre ouvrant, en cuivre gravé à ornements et doré, avec boussole, phases de lune et à sonnerie. L'intérieur du couvercle est décoré de deux figures de femmes gravées. Un des plats du livre, ainsi que le pourtour, est découpé à jour pour permettre au son de passer. — Long., 112 millim.; larg., 73 millim.

262 — Montre forme cœur, en cuivre gravé, et garnie de deux plaques en cristal de roche, taillées à l'imitation de coquilles. xvie siècle. Le pourtour a été refait. — Haut., 46 millim.

263 — Montre ovale en cuivre gravé et doré, portant sur une de ses faces le sujet du baptême du Christ et sur l'autre le Christ en croix. A l'intérieur, un écusson armorié gravé et la date de 1599. — Haut., 63 millim.

264 — Cadran solaire avec boussole, dans une boîte ronde en cuivre gravé et doré. La pièce porte au pourtour l'inscription suivante : Tobias Volckmer Bravnsweigensis. Faci : 1613. — Diam., 46 millim.

265 — Croix processionnelle en cuivre gravé et doré, avec Christ et bustes de saints personnages rapportés en relief. Le nœud, de forme sphérique, est décoré de rosaces gothiques en cuivre découpé. Travail de la fin du xve siècle. — Haut., 74 cent.

N° 260.

266 — Quadrilobe portant le lion de Saint-Marc, en cuivre repoussé, avec traces de dorure et se détachant sur un fond d'émail bleu. XIIIe siècle. — Diam., 73 millim.

267 — Quatre cariatides-appliques en cuivre doré et reliées deux à deux. XVIe siècle. — Haut., 100 millim.; larg., 90 millim.

268 - Boucle de ceinture en cuivre ciselé, repercé à jour, doré et argenté en partie. Elle est décorée de figurines en relief, d'ornements gothiques et d'ornements variés. XVIIe siècle. — Longueur totale, 240 millim.

269 — Gaine de couteau, en cuir gaufré, et décorée d'ornements dorés au fer. XVIe siècle. — Long., 270 millim.

270 — Buire et son plat en cuivre rouge repoussé, à rinceaux feuillagés, mascaron et écusson armorié. L'anse de la buire est formée d'un serpent. Italie. XVIe siècle. — Hauteur de la buire, 32 cent.; diamètre du plat, 47 cent.

271 — Petite boîte oblongue et à pans, ouvrant à charnière en cuivre gravé et émaillé bleu, noir et blanc. XVIe siècle. — Long., 53 millim.

272 — Scarabée en jaspe vert non gravé. — Long., 50 millim.

273 — Petite balance avec fléau en cuivre gravé, ciselé et découpé à jour, et portant au centre un chiffre surmonté d'une couronne. XVIIe siècle. — Hauteur du fléau, 160 millim.

274 — Petit reliquaire, de forme contournée, en cuivre ciselé et doré, surmonté de rinceaux et de coquilles. XVIIe siècle. — Haut., 103 millim.

275 — Petit cadre en bronze vert, avec ouverture octogone en hauteur et composé de deux cariatides ailées, de deux têtes de chérubin et d'ornements variés. XVIIe siècle. — Haut., 155 millim.; larg., 112 millim.

276 — Grand plat rond en cuivre jaune repoussé à godrons, avec inscription gravée et ombilic décoré d'un écusson d'armoiries gravé sur argent. XVe siècle. — Diam., 46 cent.

277 — Petite horloge de forme carrée, en cuivre gravé et doré, décorée de petites consoles aux angles et montée sur quatre balustres à pans. Elle est surmontée d'une tourelle autour de laquelle chemine une statuette d'Hercule. Un des cadrans est en argent émaillé à fleurs. XVIe siècle. — Haut., 30 cent.

278 — Plateau rond en émail de Venise, à fond bleu, rehaussé de feuillages dorés et à godrons en spirale émaillés blanc. XVIe siècle. — Diam., 30 cent.

279 — Vase en forme de balustre renversé, provenant d'une fontaine, en bronze, à trois anses à mascarons grimaçants. Époque Louis XIV. — Haut., 19 cent.

280-281 — Quatre pochettes de formes variées du XVIIe siècle. — Long., 50 cent.

282 — Mandoline en bois noir et bandes d'ivoire. — Long., 50 cent.

283 — Deux manches d'instruments en bois sculpté, à têtes d'homme et de femme. — Long., 53 cent.

OBJETS VARIÉS

(ORIENT)

284 — Belle boîte oblongue arrondie à ses extrémités, en cuivre finement gravé à rosaces, ornements et inscriptions, et enrichie d'incrustations d'or et d'argent. L'intérieur présente un décor analogue et renferme un encrier. Ancien travail persan. — Haut., 53 millim.; long., 248 millim.

285 — Divinité égyptienne debout, à tête d'oiseau, en terre émaillée vert. Travail antique. — Haut., 135 millim.

286 — IVOIRE. — Petit éléphant debout richement caparaçonné et incrusté d'écaille, de nacre, de burgau, de corail, etc. Travail japonais très soigné. — Haut., 52 millim.; long., 23 millim.

287 — Bois. — Groupe. Personnage monté sur un buffle. Ancien travail chinois. — Haut., 28 cent.; larg., 23 cent.

288 — Plat rond à ombilic en cuivre gravé à ornements et feuillages et incrusté d'argent. Ancien travail persan. — Diam., 300 millim.

289 — Bassin rond en cuivre gravé à fleurs et inscriptions et conservant des traces d'incrustations d'argent. Ancien travail persan. — Diam., 20 cent.

290 — Buire persane et son bassin, en cuivre gravé à fleurs et ornements. Travail ancien. Hauteur de la buire, 33 cent.; diamètre du bassin, 31 cent.

291 — Bol rond à panse sphéroïdale, en cuivre gravé à entrelacs et ornements. Travail persan. Haut., 70 millim.; diam., 150 millim.

292 — Boîte ronde et à contours en laque rouge ciselé de Pékin, décorée de dragons jouant dans les flots.

PORCELAINES DE CHINE

293 — Beau vase, modèle rouleau, en ancienne porcelaine de Chine, décoré en émaux de la famille verte d'un sujet de tournoi de chasse entre des cavaliers en présence de l'Empereur et de sa cour. — Haut., 475 millim.

294 — Vase cylindrique à gorge rétrécie, en ancienne porcelaine de Chine décorée en émaux de la famille verte; chimères dans un paysage. Sur le col, feuilles dressées et rosaces sur fond vert pointillé de noir et double couronne d'ornements à l'épaulement du vase. — Haut., 46 cent.

295 — Buire à pans en ancienne porcelaine de Chine, décor bleu à fleurs et rosaces, avec anse à cariatide en bronze doré. — Haut., 25 cent.

296 — Deux bouteilles à long col en ancienne porcelaine de Chine à décor bleu à vases et ornements. — Haut., 28 cent.

297 — Deux vases à panse ovoïde allongée et à couvercle en ancienne porcelaine de Chine, décorés de sujets familiers émaillés en couleur. Sur pieds en bois noir. — Haut., 46 cent.

298 — Deux cornets en ancienne porcelaine de Chine, décorés de branches de fleurs et de fruits sur le bandeau et la base. Le col présente des sujets familiers dans des paysages. — Haut., 40 cent.

299 — Petite coupe à sacrifices en ancienne porcelaine de Chine à anse carrée flanquée de deux dragons émaillés vert et décorée d'ornements et d'attributs variés émaillés en couleurs. — Haut., 50 millim.; long., 110 millim.

300 — Deux tasses avec soucoupes en ancienne porcelaine

de Chine, décorées de fleurs et de feuillages en rouge et or sur fond émaillé bleu et bordure composée de rosaces dessinées au trait sur fond blanc. — Tasse : haut., 39 millim.; diam., 70 millim. Soucoupe : diam., 115 millim.

301 — Grande tasse avec soucoupe en ancienne porcelaine de l'Inde décorée d'ornements dorés sur fond bleu et de médaillons de paysages et d'oiseaux en camaïeu brun. — Tasse : haut., 63 millim.; diam., 90 millim. Soucoupe : diam., 138 millim.

302 — Deux assiettes en ancienne porcelaine de Chine, l'une d'elles décorée d'un sujet familier près d'une habitation, et l'autre à décor en émaux de la famille rose à sujet de style européen avec compartiments de fleurs au marli, entre-deux à rosaces dessinées au trait sur fond rose. — Diam., 23 cent.

PORCELAINES DE CHANTILLY

303 — Pot à eau en ancienne porcelaine tendre de Chantilly, décor polychrome à fleurs et insectes de style chinois. — Haut., 155 millim.

304 — Flacon cylindrique de même porcelaine et de décor analogue. — Haut., 145 millim.

305 — Salière oblongue et à trois places en ancienne porcelaine tendre de Chantilly à décor poly-

chrome à armoiries et fleurs. — Haut., 60 millim.; long., 160 millim.

BRONZES D'ART

306 — Jolie statuette de sirène à califourchon sur un animal fantastique à tête humaine. Bronze italien du xvie siècle, muni d'une belle patine et disposé pour décorer l'angle d'un meuble ou d'un piédestal. — Haut., 340 millim.

307 — Petit groupe composé des figures de Vénus et de l'Amour assis sur deux dauphins. Bronze italien du xvie siècle, patine foncée. — Haut., 220 millim.

308 — Statuette d'homme nu, debout sur des branches d'arbre, dans l'attitude de la douleur. Bronze italien du xvie siècle. — Hauteur, sans le socle en marbre, 210 millim.

309 — Statuette d'homme nu et debout, les bras croisés au-dessus de sa tête. Bronze italien du xvie siècle. — Hauteur, sans le socle en marbre, 220 millim.

310 — Très petit buste de saint Jean. Bronze italien du xvie siècle. — Haut., 100 millim.

311 — Deux statuettes de femmes debout, drapées. L'une d'elles tient deux buires. Bronzes italiens du

N° 306.

xvie siècle. — Hauteur, sans les socles en marbre, 170 millim.

312 — Statuette d'Abondance debout, drapée et tenant une corne d'abondance de son bras gauche. Bronze italien du xvie siècle. — Haut., 135 millim.

313 — Statuette équestre de Marc-Aurèle. Bronze italien des premières années du xvie siècle, sur socle en marbre griotte. — Hauteur, sans le socle, 25 cent.; larg., 25 cent.

314 — Statuette en bronze, patine rougeâtre : Saint Sébastien suspendu à un arbre. Italie, xvie siècle. — Haut., 54 cent.

315 — Statuette en bronze, patine brune : Hercule nu et debout, s'appuyant de son bras gauche sur un tronc d'arbre et tenant sa massue de la main droite. Italie, xvie siècle. — Haut., 31 cent.

316 — Statuette en bronze, patine brune : Atlas nu et debout. xvie siècle. — Hauteur, sans le socle en bois de chêne, 26 cent.

317 — Statuette en bronze, patine brun clair : Faune debout et nu, tenant une flûte de Pan de sa main droite. xviie siècle. — Hauteur, sans le socle ou piédestal en bronze, 30 cent.

318 — Deux petits bustes en bronze : le Christ et la

Vierge. Les vêtements sont dorés. Fonte italienne très légère de la fin du XVIe siècle. — Hauteur, y compris le piédouche, 22 cent.

319 — Tête d'oiseau fantastique à longues oreilles, provenant vraisemblablement du timon d'une voiture. Bronze antique. — Haut., 180 millim.

320 — Sonnette en bronze décorée au pourtour de chevaux, d'un buste et d'attributs divers. On lit sur trois cartouches : *Omnia vincit amor.* XVIe siècle. — Haut., 100 millim.

321 — Antinoüs debout. Statuette en bronze, patine brune. — Haut., sans le pied en bois, 340 millim.

322 — Deux statuettes en bronze : Cérès et Bacchus debout. Bronzes français du XVIIIe siècle, sur socles carrés en marbre blanc avec rang de perles en cuivre doré. — Hauteur des statuettes, 35 cent.; des socles, 14 cent.

323 — Groupe de trois figures en bronze : Enlèvement d'Eurythie par Borée. Patine brune. Sur socle en bronze ciselé à feuilles et doré. — Haut., 58 cent.; larg., 25 cent.

324 — Statuette de Cérès debout d'après l'antique. Bronze du XVIIe siècle, muni d'une patine brune et monté sur un socle en bronze ciselé. — Hauteur, sans le socle, 37 cent.

325 — Deux centaures en bronze d'après l'antique. La base de l'un d'eux porte les noms de Ioanes Sporer. — Haut., 29 cent.; larg., 20 cent.

326 — Belle buire en bronze, décorée au pourtour de figurines debout dans des médaillons ovales séparés par des cariatides ailées. Le culot, la partie supérieure de la panse et le col sont décorés de figures, de mascarons, de têtes d'animaux et de cariatides. Italie, XVIe siècle. L'anse formée d'une cariatide ailée et une figurine de femme assise sur la panse ont été rapportées postérieurement. — Haut., 30 cent.

327 — Beau groupe en bronze par Barye : Éléphant monté par un cornac et combattant une panthère. Épreuve ancienne. — Haut., 280 millim.; larg., 300 millim.

BRONZES D'AMEUBLEMENT

328 — Deux beaux bras-appliques porte-lumière, à trois branches, à volutes reliées par des guirlandes de chêne et s'échappant d'une applique ornée d'un mascaron et surmontée d'un vase. Le tout en bronze ciselé et doré du temps de Louis XVI, — Haut., 480 millim.

329 — Deux flambeaux du temps de Louis XVI, formés chacun d'une statuette de femme en bronze reposant sur un socle en marbre blanc et tenant un cornet porte-lumière. — Haut., 540 millim.

330 — Deux girandoles Louis XV, en cuivre, à trois branches rocaille porte-lumière. — Hauteur, 390 millim.

331 — Petit vase ovoïde en marbre griotte, monté en bronze doré au mat, à anses têtes de bouc, piédouche, gorge et couvercle. — Haut., 240 millim.

332 — Vase ovoïde en marbre verdâtre jaspé de rouge, monté sur socle et à anses têtes de lion en bronze doré. — Haut., 220 millim.

MEUBLES EN BOIS SCULPTÉ

333 — Joli meuble à deux corps et à fronton découpé, en bois de noyer sculpté et incrusté de marbre. Le corps inférieur ferme à deux portes décorées de figures de femmes debout, avec tiroir au-dessus, et placées entre deux groupes de deux colonnes et d'ornements rehaussés de dorure. Le corps supérieur, un peu en retraite, présente un décor analogue, et le fronton est surmonté de trois figurines. XVIe siècle.—Haut., 2 m. 15 cent.; larg., 1 m. 18 cent.

334 — Meuble en bois de noyer, composé d'éléments Renaissance remarquables. Les deux montants sont formés de cariatides d'homme et de femme se terminant en gaine, et qui supportent une frise décorée de jeux d'enfants, de centaures, de

rinceaux et d'animaux. La porte, qui ouvre à abattant, finement sculptée et rehaussée de dorure, représente un triomphe romain. Le coffre du meuble est supporté, dans son axe central, par une cariatide fantastique. — Haut., 1 m. 62 cent.; larg., 1 m. 35 cent.

335 — Meuble en bois de noyer sculpté, de style Renaissance, à colonnettes cannelées en deux dimensions, avec niche centrale, et fermant à deux portes à mascarons et ornements en relief. La partie inférieure du meuble est à jour. — Haut., 1 m. 43 cent.; larg., 1 m. 15 cent.

336 — Meuble à hauteur d'appui en bois de noyer sculpté avec bandeau du XVIe siècle, décoré de trophées d'armes, de sphinx et d'anges ailés, tenant des écussons placés aux côtés d'un arceau à plein cintre décorant le milieu du meuble. Le bandeau est supporté par quatre balustres découpés à jour. — Haut., 1 m. 6 cent.; larg., 1 m. 66 cent.

337 — Meuble Renaissance en bois de noyer sculpté, fermant à deux portes ornées de rosaces et séparées par une cariatide d'homme. Il repose sur deux balustres découpés à jour, et il est enrichi d'ornements incrustés en pâte blanche. XVIe siècle. — Haut., 1 m. 45 cent.; larg., 1 m. 8 cent.

338 — Meuble en bois de chêne, forme dite Du Cerceau, à niches ornées de figurines debout et de co-

Nº 333.

lonnes à chapiteaux ioniques. Le bandeau supérieur est incrusté de bois de couleur et de marbre. — Haut., 1 m. 54 cent.; larg., 1 m. 12 cent.

339 — Soufflet formé de deux bas-reliefs du XVIe siècle, en bois sculpté rehaussé de peinture et de dorure, représentant, l'un Jésus et les docteurs, l'autre le Christ au mont des Oliviers. Il est garni au pourtour de velours de Gênes, et le canon, en bronze, est formé d'une tête de lion et d'un animal fantastique. — Haut., 720 millim.; larg., 300 millim.

340 — Piédestal carré en bois de chêne, décoré sur chacune de ses faces d'un panneau Renaissance sculpté à cariatide. — Haut., 1 m. 5 cent.; diam., 450 millim.

341 — Table Renaissance en bois de noyer sculpté. Les piliers sont formés chacun d'un fort balustre orné de godrons et de deux colonnettes. L'entre-deux des piliers est orné de deux balustres analogues à ceux des pieds principaux. — Long., 1 m. 52 cent.; larg., 820 millim.

342 — Jolie crédence en bois de noyer sculpté. La face du meuble est divisée en quatre compartiments à plein cintre décorés de mascarons, de rinceaux et de médaillons-bustes sur fond doré. Les angles coupés sont ornés de pilastres, et la partie inférieure du meuble ajourée est surmontée d'un

rang de tiroirs. — Haut., 1 m. 41 cent.; larg., 1 m. 43 cent.

343 — Meuble à deux corps en bois sculpté, fermant à quatre portes et avec un rang de deux tiroirs à la partie supérieure du corps inférieur. Il est décoré de cariatides d'hommes et d'animaux fantastiques, de mufles de lion et d'ornements variés. Les montants sont formés de pilastres cannelés. Travail de la fin du XVIe siècle. — Haut., 2 m. 5 cent.; larg., 1 m. 25 cent.

344 — Crédence en bois de chêne sculpté, décorée de trois panneaux à rinceaux feuillagés, oiseaux et armoiries. Au-dessous de ces panneaux est un tiroir décoré d'un rinceau et de deux cariatides d'enfants soutenant un écusson armorié. XVIe siècle. — Haut., 1 m. 52 cent.; long., 1 m. 2 cent.; prof., 430 millim.

345 — Petit meuble en forme de crédence, en bois de noyer sculpté, fermant à une porte décorée de trophées et d'ornements, et avec pilastres ornés. La partie inférieure du meuble renferme un tiroir supporté par deux colonnettes cannelées. XVIe siècle. — Haut., 1 m. 51 cent.; larg., 680 millim.

346 — Grand et beau meuble en bois de noyer sculpté, composé de très beaux panneaux et de montants de la Renaissance rehaussés de dorure et formant vitrine à deux portes, avec fronton cintré

et découpé. Le corps inférieur renferme un long tiroir décoré d'ornements, avec porte à abattant au-dessus, décorée de trois panneaux représentant, l'un diverses divinités de la fable, et les deux autres des divinités marines dans des chars traînés par des chevaux marins. Le corps supérieur est orné à ses extrémités de colonnes torses et de deux portes vitrées qui sont séparées par deux cariatides se terminant en gaine. Le fronton découpé présente à son centre un beau panneau décoré d'un sujet mythologique en bas-relief, surmonté d'un motif ornemental avec mascaron. — Haut., 3 m. 10 cent.; larg., 2 m. 20 cent.

347 — Beau bahut dont la façade est ornée d'un très beau panneau en bois sculpté, offrant à son centre un chiffre surmonté d'une couronne et flanqué de deux aigles tenant dans leurs serres des rinceaux élégants et feuillagés. Les montants sont formés de cariatides. Beau travail des premières années du XVIIe siècle. — Haut., 1 m. 3 cent.; long., 1 m. 47 cent.; prof., 560 millim.

348 — Lit à colonnes en bois sculpté, garni de ses tentures en velours rouge frappé, bordées de franges de soie. Au-dessus du dossier et à l'intérieur est une tapisserie gothique à cinq personnages, et portant sur des banderoles diverses inscriptions gothiques. — Haut., 2 m. 30 cent.; long., 2 m.; larg., 1 m. 22 cent.

349 — Belle table en bois de noyer avec piliers, com-

posés chacun d'un balustre carré et de deux figures d'hommes nus et debout. La barre d'entre-deux est surmontée de petits balustres tournés. — Long., 1 m. 60 cent.; larg., 900 millim.

350 — Petite crédence en bois de noyer sculpté, dans le style de la Renaissance, fermant à deux portes et avec tiroir. — Haut., 1 m. 25 cent.; long., 1 m. 5 cent.

351 — Vitrine fermant à deux portes avec montants en bois sculpté. — Haut., 1 m. 50 cent.; larg., 1 m. 15 cent.

MEUBLES DIVERS

352 — Cabinet italien du xvie siècle, en bois d'ébène couvert de riches incrustations d'ivoire gravé à médaillons-bustes, sujets tirés de l'histoire romaine et ornements. Il ferme à une porte à abattant et l'intérieur d'aspect monumental est enrichi de figurines-appliques en ivoire. La tête de la clef de ce meuble se compose de rinceaux finement découpés à jour. — Haut., 48 cent.; larg., 84 cent.

353* — Coffret oblong en bois incrusté d'ébène et d'ivoire. Travail dit *certosine* du xvie siècle. — Haut., 220 millim.; long., 650 millim.; larg., 290 millim.

354 — Boîte carrée en bois noir, décorée sur chacun de ses côtés d'un bas-relief exécuté en bois de couleur et représentant un souverain à cheval. Travail allemand du XVIIe siècle. — Hauteur totale, 33 cent.; larg., 32 cent.

355 — Coffret oblong à couvercle en toit, en bois sculpté à rinceaux, fleurs, oiseaux et corbeille. Travail de Bagard de Nancy. — Haut., 12 cent.; long., 29 cent.; larg., 22 cent.

356 — Vitrine plate avec monture en fer et table en bois noir. — Long., 1 m. 40 cent.; larg., 90 cent.; prof., 20 cent.

357 — Deux torchères en bois sculpté et doré, composées chacune d'une cariatide d'enfant prenant naissance dans des branches d'arbre et dont les bras se terminent par des rinceaux. La base est formée de rinceaux peints en noir. Travail italien du XVIIIe siècle. — Haut., 1 m. 65 cent.

358 — Deux colonnettes en marbre rouge des Pyrénées, avec embases et chapiteaux corinthiens en bois sculpté et doré. — Hauteur totale, 1 m. 34 cent.

GLACES & MIROIRS

359 — Miroir carré à biseaux, avec cadre à moulures unies en bois naturel, rehaussé d'ornements en bois sculpté et doré, surmonté d'un fron-

ton à figures d'enfants et terminé à la partie inférieure par un groupe de deux cariatides d'enfants-tritons, le tout en bois sculpté et doré. Époque Louis XIII. — Hauteur totale, 1 m. 30 cent.; larg., 620 millim.

360 — Glace rectangulaire en hauteur, à biseaux, avec cadre cintré à sa partie supérieure en bois sculpté à ornements, festons de fleurs, surmonté de deux petits vases et rehaussé de dorure. XVIIIe siècle. — Haut., 1 m. 38 cent.; larg., 78 cent.

361 — Glace contournée à sa partie supérieure, avec cadre en bois sculpté et doré du temps de Louis XIV, surmonté d'ornements. — Haut., 1 m. 45 cent.; larg., 1 m. 8 cent.

PORTES & CHEMINÉES

362 — Porte monumentale en bois de noyer sculpté, à cariatides d'homme et de femme formant chambranles; niche, groupe de fruits et ornements sur le panneau et fronton découpé, offrant au centre un écusson circulaire portant des armoiries, la devise : SOLI DÈO GLORIA, et la date de 1639. — Hauteur totale, 2 m. 85 cent.; larg., 1 m. 70 cent.

363 — Portique d'entrée composé d'une corniche sculptée à rinceaux et supportée par deux colonnes cannelées et sculptées à godrons en spirale dans

leur partie inférieure. Un écusson d'armoiries polychromes a été rapporté sur le bandeau, ainsi qu'une potence en fer forgé à rinceaux placée à la partie supérieure de la corniche. — Haut., 2 m. 95 cent.; larg., 1 m. 85 cent.

364 — Cheminée en bois de noyer sculpté, composée d'un bandeau orné d'un mascaron et de deux cariatides se terminant en rinceaux, et de deux colonnettes corinthiennes. — Haut., 1 m. 82 cent.; larg., 1 m. 80 cent.

365 — Encadrement de porte en bois de noyer, composé de deux colonnettes du XVIe siècle, sculptées à rinceaux, têtes de chérubins, fines cannelures ornées en spirales et chapiteaux corinthiens surmontés de sphères servant de base à deux cariatides de femmes ailées à pied de lion, se faisant face et formant arceau. Ces cariatides supportent la corniche. — Haut., 3 m. 10 cent.; larg., 1 m. 90 cent.

366 — Porte monumentale en bois de noyer sculpté, décorée de deux mascarons et d'un écusson armorié, placés dans des couronnes de laurier. Les chambranles sont formés de colonnettes détachées entre lesquelles sont placées des cariatides-appliques se terminant en volutes. Dans la frise supérieure incrustée de marbre se trouvent un mascaron tête d'enfant et deux têtes casquées en regard. L'entre-deux du fronton, dont les angles sont ouverts à l'extérieur, est orné d'un motif découpé, d'un mascaron, de fleurs et d'un

vase tourné. Le panneau supérieur de la porte est ouvrant et le vide est occupé par une grille en fer forgé à rinceaux. Toutes les sculptures de cette porte datent du XVIe siècle. — Haut., 3 m. 10 cent.; larg., 1 m. 65 cent.

367 — Cheminée monumentale de style Louis XIII, en bois noir et bois de chêne, incrustée de marbres de diverses nuances et enrichie d'un médaillon, tête casquée de Henri IV, de rosaces et d'ornements variés en bronze ciselé et doré. Les angles du corps inférieur sont ornés de lions héraldiques tenant chacun un écusson armorié en bronze doré. Ces deux lions datent du XVIe siècle. Le fronton cintré et découpé présente à son centre un mascaron, tête de Gorgone en marbre blanc. — Hauteur du corps inférieur, 1 m. 62 cent. Hauteur de la plaque de fond, 1 m. 40 cent.; larg., 1 m. 65 cent.

PANNEAUX EN BOIS SCULPTÉ

368 — Panneau rectangulaire en hauteur, en bois de noyer sculpté en bas-relief. Il est décoré de rinceaux élégants, d'une figure ailée debout et drapée et de deux anges portant une table sur laquelle repose l'agneau pascal. Travail français très soigné du XVIe siècle. — Haut., 58 cent. ; larg., 33 cent.

369 — Haut-relief représentant une sainte femme debout,

vêtue d'une peau de mouton et soutenue par six figurines d'anges. Ce groupe se détache sur un fond de paysage montagneux. Il est rehaussé de couleurs et de dorure. XVe siècle. — Haut., 68 cent.; larg., 50 cent.

370 — Deux portes de meuble en bois de noyer sculpté à figures mythologiques, têtes de chérubins, et enrichies d'incrustations de marbre. XVIe siècle. — Haut., 57 cent.; larg., 22 cent.

371 — Six panneaux en hauteur, en bois de noyer sculpté en bas-relief et représentant chacun un saint personnage, debout sur un support cul-de-lampe orné d'un écusson en relief, XVIe siècle. — Hauteur de chaque panneau, 1 m. 30 cent.; larg., 57 cent.

372 — Trois panneaux rectangulaires en bois de noyer sculpté en bas-relief, décorés d'un écusson d'armoiries soutenu par deux cariatides se terminant en rinceaux feuillagés. XVIe siècle. — Haut., sans le cadre, 280 millim.; larg., 1 mètre.

373 — Deux panneaux rectangulaires en bois de noyer, analogues à ceux qui précèdent. Les armoiries de l'un d'eux sont rehaussées de bleu azur. XVIe siècle. — Haut., 15 cent.; larg., 73 cent.

374 — Huit panneaux en hauteur décorés d'ornements variés. XVIe siècle. — Haut., 48 cent., larg., 20 cent.

Nº 368.

375 — Panneau rectangulaire en hauteur, en bois de chêne sculpté en bas-relief et représentant un saint personnage vu à mi-corps sous un arceau à plein cintre portant le nom *S. Mavrvs Abbas.* XVIe siècle. — Haut., 59 cent.; larg., 41 cent.

376 — Panneau en hauteur, en bois de noyer sculpté en bas-relief et représentant sainte Barbe debout sous un arceau en ogive surmonté de rinceaux. XVIe siècle. — Haut., 67 cent.; larg., 29 cent.

377 — Deux panneaux en bois de noyer sculpté à figure debout et ornements; l'un d'eux provient d'une porte de meuble. XVIe siècle. — Haut., 62 cent. et 52 cent.; larg., 20 cent. et 22 cent.

378 — Joli panneau rectangulaire en largeur, sculpté en bas-relief et représentant des amours jouant dans des rinceaux. Au centre, un double écusson d'armoiries soutenu par deux lions héraldiques et surmonté d'une couronne princière. Époque Louis XIII. — Haut., 45 cent.; larg., 26 cent.

379 — Panneau analogue à celui qui précède. Celui-ci présente à son centre un lion héraldique debout dans un médaillon circulaire. Même époque. — Haut., 25 cent.; larg., 43 cent.

MONTANTS EN BOIS SCULPTÉ

380 — Montant-applique en bois de chêne sculpté en bas-relief à cariatide d'homme supportant un chapiteau ionique et gaine se terminant à la partie inférieure par deux pieds d'hommes reposant sur un socle soutenu par un mufle de lion. XVIe siècle. — Haut., 1 m. 17 cent. ; larg., 13 cent.

381 — Deux montants en bois de chêne à cariatide d'homme, volutes, mascaron et guirlande de fruits. XVIe siècle. — Haut., 35 cent. ; larg., 11 cent.

382 — Deux montants en bois de noyer, l'un d'eux à tête de chérubin, l'autre à mufle de lion. — Haut., 52 cent. et 45 cent. ; larg., 10 cent.

383 — Huit montants en bois sculpté à mascaron, mufles de lion et ornements de dimensions variées.

384 — Quatre bâtons gothiques provenant d'un dais, en bois sculpté à feuilles, et rehaussés de couleurs. XVe siècle. — Long., 2 m. 15 cent.

SIÈGES EN BOIS SCULPTÉ

385 — Belle stalle en bois de noyer sculpté dont le panneau représente un buste d'homme de profil, à gauche, circonscrit dans un médaillon circulaire et se détachant sur un fond doré. Les bras contournés sont ornés de mascarons et ils sont supportés par de doubles balustres. XVIe siècle. — Haut., 1 m. 79 cent. ; larg., 69 cent.

386 — Siège à X en bois de noyer sculpté, couvert en velours vert, et dossier orné d'une broderie du XVIe siècle, dans un médaillon circulaire représentant la Vierge et l'Enfant Jésus. — Haut., 1 m. 12 cent. ; larg., 62 cent.

387 — Autre siège à X en bois sculpté à têtes de lion et ornements. Il est couvert en velours jaune frappé à rosaces avec bandes de velours ponceau rapportées. — Haut., 1 m. 2 cent. ; larg., 64 cent.

388 — Stalle formant table, en bois de noyer sculpté et incrusté de marbre. Le panneau est décoré d'une figure de Junon debout et la frise inférieure d'un sphinx ailé. Les appuie-bras sont supportés par des balustres tournés. — Haut., 1 m. 80 cent. ; larg., 67 cent.

389 — Fauteuil en bois sculpté dont les appuie-bras se terminent par des têtes de béliers et dont le

dossier est surmonté d'un fronton découpé, xvie siècle. — Haut., 1 m. 32 cent. ; larg., 59 cent.

390 — Siège à X en bois sculpté, couvert en velours vert frappé. — Haut., 86 cent. ; larg., 65 cent.

391 — Autre siège à X et pliant, entièrement en bois et avec traverse sculptée à ornements. — Haut., 1 m. ; larg., 70 cent.

392 — Caqueteuse en bois tourné et dossier formé d'un panneau du xvie siècle en noyer sculpté à figure de centaure, médaillons, bustes, mascaron et ornements. — Haut., 1 m. 36 cent. ; larg., 66 cent.

393 — Stalle en bois de chêne sculpté ; le dossier à nervures gothiques porte le blason de France, les accotoirs à volutes sont ornés de colonnettes. — Larg., 85 cent.

394 — Fauteuil en bois sculpté avec pieds, traverses et appuie-bras à torsades. xviie siècle. — Haut., 1 m. ; larg., 60 cent.

395 — Banc portugais à pieds de lion en bois sculpté et couvert en cuir. Le dossier est décoré d'un cloutage de cuivre formant dessin. xviie siècle. — Larg., 1 m. 24 cent.

396 — Deux escabeaux en bois de noyer sculpté à ornements et rehaussés de dorure. Les dossiers sont décorés d'un écusson armorié.

TAPISSERIES

397 — Très belle et très curieuse tapisserie rehaussée de parties tissées en argent. Elle représente diverses scènes tirées de la légende du chien de Montargis et porte un écusson armorié ainsi que la date de 1554 et diverses inscriptions allemandes indiquant les sujets représentés. Les figures portent de riches costumes du temps, et elle se compose d'un grand nombre de personnages. Pièce remarquable. — Haut., 85 cent.; long., 5 m. 50 cent.

398 — Belle frise de tapisserie du XVIe siècle, représentant divers sujets mythologiques dans un paysage et séparés par des arbres auxquels sont appendus des écussons d'armoiries. Elle est bordée de trois côtés de rinceaux élégants, de dauphins et de palmettes en grisaille sur fond amarante. — Haut., 1 m. 72 cent.; long., 5 m. 80 cent.

399 — Curieuse tapisserie de la fin du XVe siècle, représentant trois groupes composés l'un de trois figures et les deux autres de quatre figures debout, dont six femmes et cinq hommes en riches costumes de l'époque et quelques-unes des figures couronnées. Les groupes sont séparés par des

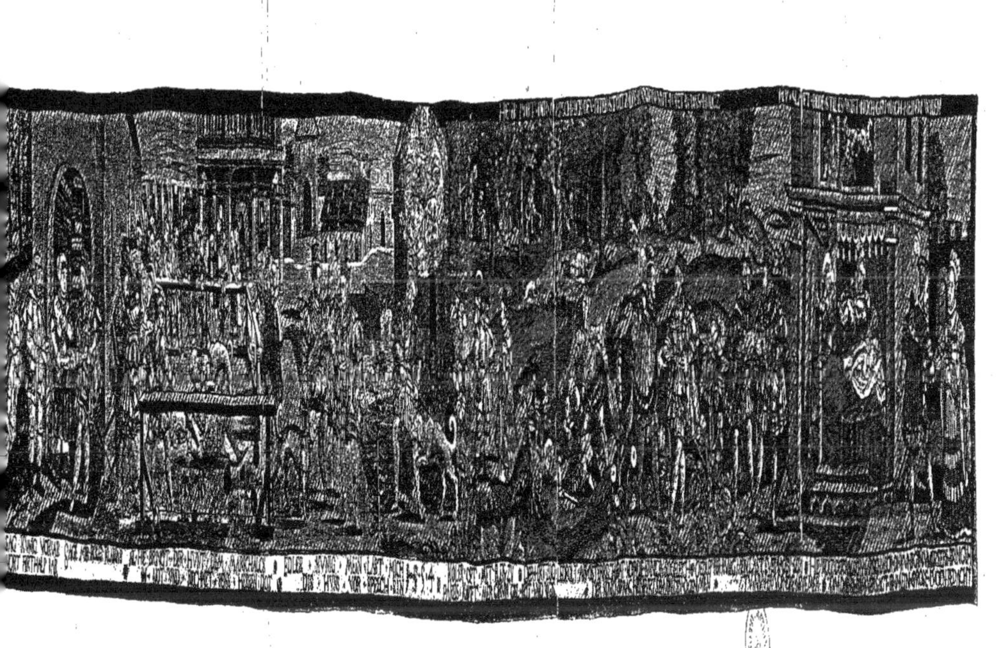

N° 395.

colonnettes portant des écussons armoriés et dans le haut diverses inscriptions allemandes sont inscrites sur des banderoles. Les figures et les encadrements se détachent en couleurs sur un fond amarante. — Haut., 82 cent.; long., 2 m. 15 cent.

400 — Belle tapisserie des premières années du xvie siècle, rehaussée de parties tissées en or, représentant un groupe de dix-sept personnages en riches costumes de l'époque de Louis XII. Dans le fond, un paysage montagneux. — Haut., 1 m. 72 cent.; larg., 2 m. 20 cent.

401 — Tapisserie du xvie siècle, à sujet de personnages en riches costumes de l'époque. — Haut., 3 m. 8 cent.; larg., 1 m. 42 cent.

402 — Autre tapisserie datée de 1607, représentant le sujet de la Circoncision; composition de seize figures dans une bordure à oves. Dans le bas, un écusson armorié ainsi qu'une inscription latine. — Haut., 3 m. 40 cent.; larg., 2 m. 20 cent.

TAPISSERIES AU POINT

403 — Bande de tapisserie au petit point du xvie siècle, représentant divers personnages en riches costumes du temps, réunis dans un parc. — Hau-

teur, sans le cadre en bois noir, 55 cent.; larg., 2 m.

404 — Très belle broderie du XVIe siècle, exécutée en soie de couleur et or, de travail italien. Elle représente la Cène. Dans un cadre en bois de noyer sculpté à cariatides d'homme et de femme. — Hauteur de la broderie, 39 cent.; larg., 49 cent. Hauteur du cadre, 67 cent.; larg., 77 cent.

405 — Deux bandes de velours ponceau couvertes d'ornements brodés en or en relief et rehaussées de soie de couleur. XVIe siècle. — Haut., 1 m. 25 cent.; larg., 24 cent.

406 — Tapis de table en damas vert garni au pourtour d'une belle frange à grille ponceau. — Long., 1 m. 52 cent.; larg., 82 cent.

TAPIS

407 — Grand et beau tapis de Smyrne à fond vert à large bordure et riche dessin à rosaces et ornements variés en bleu et rouge. — Long., 6 m.; larg., 4 m. 90 cent.

408 à 420 — Divers tapis d'Orient de dimensions et de dessins variés.

MÉDAILLES ITALIENNES[1]

I

Médailles dont on connait les noms des graveurs.

Pisanello (Vittore Pisano, dit), peintre et médailleur véronais (1380 + 1455).

Malatesta Novello, frère de Sigismond-Pandolphe (1418 + 1465).

421 — MALATESTA · NOVELLUS · CESENAE · DOMINVS — DVX · EQVITVM · PRAESTANS. Buste à gauche de Malatesta Novello, tête nue; encore jeune. ℞ OPVS · PISANI · PICTORIS. Malatesta Novello, en armure, est agenouillé devant un crucifix, dont il baise les pieds. A gauche, vu de croupe, se tient un cheval attaché à un arbre; à droite, un arbre mort au milieu des rochers.

(Armand, I, p. 6, 16.) Très belle pièce. Diam., 85 millim.

1. Toutes les références se rapportent à l'ouvrage de M. A. Armand : *les Médailleurs italiens*. Paris, 1883.

Piccinino (Nicolo), condottière pérugin (1380—1444).

422 — NICOLAVS·PICINIΝVS·VICECOMES·MARCHIO·CAPITANEVS·MAX·AC·MARS·AL-

N° 421.

TER. Buste à gauche de Piccinino, coiffé du mortier, portant une cuirasse par-dessus une cotte de mailles. ℟ N·PICININVS·BRACCIVS·PISANI·P·OPVS. Un griffon ailé tourné à gauche, portant un collier sur lequel on lit le mot : PERVSIA. Deux enfants nus sont suspendus à ses mamelles.

(Armand, I, p. 7, 21.) Bon exemplaire. Diam., 86 millim.

N° 421.

Visconti (Filippo-Maria), troisième duc de Milan (1391 — 1447).

423 — PHILIPPVS·MARIA·ANGLVS·DVX·MEDIOLANI·ETCETERA·PAPIE·ANGLERIEQVE·COMES·AC·GENVE·DOMINVS Buste 50 Feuardent

à droite de Philippe-Marie Visconti, la tête couverte d'un bonnet. ℞ OPVS·PISANI·PICTORIS. Trois cavaliers : celui à gauche est le duc en armure, casqué avec un grand cimier à la guivre de Milan, tenant une lance; à droite, passe un page sur un cheval ; au milieu, un troisième, vu de face, tenant une lance; au fond, les édifices d'une ville, que domine une figure de femme.

(Armand, I, p. 8, 23.) Pièce un peu fatiguée. Diam., 99 millim.

Pasti (Matteo de), médailleur véronais (+ 1446 ?).

Malatesta (Sigismondo Pandolfo), seigneur de Rimini (1417 — 1462).

424 — SIGISMONDVS · PANDVLFVS · DE · MALATESTIS·S·RO·ECLESIE·CAPITANEVS·G. Buste à gauche de Sigismond-Pandolphe, tête nue, les cheveux coupés droit sur le front. ℞ CASTELLVM · SIGISMVNDVM · ARIMINENSE·MCCCCXLVI. Le château de Rimini, composé de plusieurs tours carrées et d'une enceinte de murailles avec porte et poterne.

(Armand, I, p. 19, 7.) Bon exemplaire. Diam., 83 millim.

Isotta Ati, femme de Sigismond-Pandolphe (mariée en 1456 — 1470).

425 — D · ISOTTAE · ARIMINENSI. Buste à droite

N° 425.

d'Isotte, la tête couverte d'une coiffe, maintenue par deux rubans croisés, d'où s'échappent les cheveux. ℟ MCCCCXLVI. Un éléphant marchant à droite sur un terrain parsemé de fleurs et de coquillages.

(Armand, I, p. 21, 19.) Belle et bonne pièce. Diam., 83 millim.

426 — ISOTE·ARIMINENSI·FORMA·ET·VIRTVTE ITALIE·DECORI. Même tête, couverte en partie par un cercle. Sans revers.

(Armand, I, p. 21, 20.) Belle, mais très retouchée. Diam., 89 millim.

427 — D·ISOTTAE·ARIMINENSI. Buste du n° 425. Sans revers.

(Armand, I, p. 22, 24.) B. Diam., 42 millim.

428 — D·ISOTTÆ·ARIMININ·MCCCCXLVI. Buste du n° 426. ℟ ELEGIAE. Un livre fermé.

(Armand, I, p. 22, 23.) B. Diam., 42 millim.

Boldu (Giovani), médailleur vénitien. (Ses médailles sont comprises entre 1457 et 1466.)

Caracalla, empereur romain (188 — 217).

429 — ANTONINVS·PIVS·AVGVSTVS. Buste à gauche de Caracalla enfant. ℟ Sans légende, un jeune homme pleurant près d'un crâne; à droite, un génie funéraire.

(Armand, I, p. 37, 4.) B. Diam., 91 millim.

Baldassare Estense, médailleur ferrarais (1443? — 1472?)

Este (Ercole I), deuxième duc de Ferrare (1431 — 1505).

430 — HERCVLES·DVX·FER·MVT·7·REGII·MARCHIO·ESTENSIS·RODIGIIQVE·COMES. 1472. Buste à gauche d'Hercule I, coiffé d'une toque. ℞ BALDASARIS·ESTENSIS·OPVS. Le duc, en armure, tenant le bâton de commandement, sur un cheval marchant à gauche.

(Armand, I, p. 52, 1.) Bon exemplaire. Diam., 82 millim.

N° 431.

Antiquo (Pier. Jacopo Ilario dit l'), médailleur mantouan (1480?).

Antonia de' Balzi, femme de Gian Francesco Gonzaga (mariée en 1479 | 1538).

431 — DIVA·ANTONIA·BAVTIA·DE·GONZ·MR. Buste à droite d'Antonia, les cheveux retenus

par une ferronnière. ℞ SUPEREST · M · SPES. Femme ailée debout dans une nef entraînée sur l'eau par deux chevaux ailés; au-dessus, un petit amour. A l'exergue, en graphite : ANT.; sur la nef, en graphite : MAI · PIV.

(Armand, I. p. 62, 5.) Belle pièce. Diam., 40 millim.

Sperandio, médailleur mantouan (1440? + 1528).

Bentovoglio (Giovani II), gouverneur de Bologne (1443 + 1509).

610 Marc

432 — IOANES · BENTIVOLVS · BONON · LIBERTATIS · PRINCEPS. Buste à gauche de Giovanni II coiffé d'un bonnet. ℞ OPVS SPERANDEI. Deux génies ailés soutenant l'écusson des Bentivoglio.

(Armand, I, p. 65, 7.) B. Diam., 103 millim.

Mélioli, médailleur mantouan. (Ses médailles sont comprises entre 1474 et 1488.)

Sforza (Maddelena Gonzaga), femme de Giovanni (mariée en 1409 + 1490).

115 Gustave Dreyfus non vu chez lui

433 — MAGDALENA · DE · GONZAGA · MARCHIONISSA · ETC. Buste à gauche de Madeleine Gonzague, la tête couverte d'une sorte de résille que retient une ferronnière.

(Armand, I, p. 80, 5.) B. Diam., 55 millim.

N° 435.

Talpa (Bartolo).

Astalia (Giulia).

434 — DIVA · IVLIA · ASTALLIA. Buste à gauche jusqu'à la ceinture. ℞ VNICVM · FOR · ET · PVD · EXEMPLVM. Le phénix sur son bûcher fixant le soleil.

(Armand, I, p. 83, 3.) Bon exemplaire. Diam., 60 millim.

Niccolo Fiorentino, médailleur florentin (1430+1499).

Pico della Mirandola (Giovanni), philosophe et poète (1463 + 1495).

435 — IOANNES · PICVS · MIRANDVLENSIS. Buste à droite, tête nue, les cheveux longs. ℞ PVLCHRITVD · AMOR · VOLVPTAS. Les trois Grâces.

(Armand, I, p. 86, 9.) Bon exemplaire. Diam., 82 millim.

Maria Politiana, sœur de Politien.

436 — MARIA · POLITIANA. Buste à gauche, tête nue. ℞ CONCORDIA. Les trois Grâces.

(Armand, I, p. 87, 12.) Bon exemplaire. Diam., 58 millim.

Riario (Catarina Sforza), femme de Girolamo.

437 — CATHARINA · SF · DE · RIARIO · FORLIVII · IMOLAE · Q · CO. Buste à gauche de Catherine

Sforce, la tête couverte d'un voile. ℟ VICTORIAM · FAMA · SEQVETUR. La Victoire, une palme à la main, dans un char traîné par deux chevaux ailés.

(Armand, I, p. 87, 15.) Diam., 72 millim.

Caradosso (Ambrogio Frappa, dit), médailleur milanais, mort en 1526.

Trivulzio (Giangiacomo), Milanais devenu maréchal de France (1448 + 1518).

438 — IO · IACOBVS · TRIVVLS · MAR · VIG · FRA · MARESCALVS. Buste à gauche, couronné de lauriers, entre quatre écussons. ℟ 1499 · EXPVGNATA · ALEXANDRIA, etc., légende en huit lignes.

(Armand, I, p. 110, 11.) Bronze doré, T. B. Carré, 47 millim.

Marende, orfèvre italien établi à Bourg-en-Bresse ? La médaille a été faite en 1502.

Philibert (le beau duc de Savoie (1420+1504)

et **Marguerite d'Autriche,** sa femme (1480+1530).

439 — PHILIBERTVS · DVX · SABAVDIE · VIII · MARGVA · MAXI · CAE · AVG · FI · D · SA. Bustes affrontés de Philibert et de Marguerite dans un champ semé de marguerites et de lacs d'amour, devant la palissade de Savoie. ℟ GLORIA · IN · ALTISSIMIS · DEO · ET · IN · TERRA · PAX · HOMI-

NIBVS · BVRGVS · FERT. Écusson mi-parti Savoie et Autriche.

(Armand, I, p. 113, 1.) Bon exemplaire. Diam., 103 millim.

N° 439.

LE MÉDAILLEUR « A L'AMOUR CAPTIF »

Corregio (Jacoba da).

440 — IACOBA·CORRIGIA·FORME·AC·MORVM·

DOMINA. Buste à droite, la tête couverte d'une résille ; derrière, un lis. ℞ CESSI·DEA·MILI-

N° 439.

TAT · ISTAT · P · M. L'Amour attaché à un arbre.

(Armand, I, p. 118, 1.) B. Cette pièce a été dorée et percée de cinq trous. Diam., 53 millim.

Riccio (Andréa Briosco) (1470+1532).

Qvirini (Elisabetta).

441 — ELISABETTA · QVIRINAE. Buste à gauche. ℞ Les trois Grâces.

(Armand, I. p. 121, 4.) Très belle. Diam., 43 millim.

Pomedello (Gian. Maria).

Inconnue ?

442 — F·B·ET·LONGIVS·VIVAT·SERVATA·FIDE. Buste à gauche. ℞ IOANNES·MARIA·POMEDELLVS · VERONESI · F. Homme nu et à genoux, portant un panier de raisins ; devant, un caducée ; derrière, l'Amour debout sur une boule sur laquelle on lit : A·S·O.

(Armand, I, p. 129, 13.) Bon exemplaire. Diam., 53 millim.

Torre (Giulio della.) (Mentionné de 1504 à 1540).

Inconnu.

443 — PRESSIT·AMOR·VT·AMANS·LOQVERER·A·I. Buste d'homme coiffé d'une calotte. ℞ PROMISSA · PERPETVITAVI · DATA · FIDES. Deux mains se pressant.

(Armand, I, p. 135, 27.) B. Diam., 64 millim.

Cavallerino (Nicolo). (Vers 1535.)

A. Pallavicini, femme de Guido Rangoni (? + 1550).

444 — ARGENTINA · RANGONA · PA · DICAVIT.

Buste à gauche avec une coiffure bizarre. ℟ FIDES · ET · SANCTA · SOCIETAS. L'Amour posant une couronne sur la tête d'une femme assise. Au fond, un fleuve nu couché.

(Armand, I, p. 142, 4.) B. Diam., 64 millim.

LE MÉDAILLEUR A LA MARQUE T. S. EN MONOGRAMME

Autriche (Marguerite d'), femme d'Octave Farnèse (1522 + 1586).

445 — OCTAVIVS · FARNESIVS. Buste cuirassé à droite. ℟ MARGARITA·AVSTRIA. Buste à gauche. 25 Picqué à Bruxelles

(Armand, I, p. 152, 1.) Diam., 36 millim.

Leone Leoni, médailleur arétin (vers 1510 + 1592).

Caraffa (Ippolita Gonzaga), femme d'Antonio (1535 + 1563).

446 — HIPPOLYTA·GONZAGA·FERDINANDI·FIL·AN·XVI·ΛΕΩΝ·ΑΡΗΤΙΝΟΣ. Buste à gauche, très ornementé. ℟ PAR·VBIQ·POTESTAS. Diane chasseresse marchant à droite, sonnant du cor ; derrière, Cerbère et Pluton enlevant Proserpine. 95 Bucquet

(Armand, I, p. 163, 7.) B. Diam., 68 millim.

Hanna (Martin de), Flamand établi à Venise (1475 + 1553).

447 — MARTINVS·DE·HANNA. Buste à droite sans 105 Picqué

barbe. ℟ SPES · MEA · IN · DEO · EST. Une femme, couverte de draperies flottantes, marchant vers la droite, lève les mains au ciel.

(Armand, I, p. 165, 13.) B. Diam., 69 millim.

Isabelle de Portugal, femme de Charles-Quint.

448 — DIVA · ISABELLA · AVGVSTA · CAROLI · V · VX. Buste de trois quarts.

(Armand, I, p. 167, 23.) Étain B. Diam., 73 millim.

Cavino (Giovanni), médailleur padouan (vers 1500 + 1570).

Dulci (Giovani. An. Vin), jurisconsulte padouan, né en 1482.

449 — IO · AN · VIN · DVLCIVS · IVA · CON · CAN · PATAVIN · ÆTA · LVII. 1539. Buste à gauche nu avec une longue barbe. ℟ GENIO · BENEVOLENTIAE · DULCI. Génie sacrifiant sur un autel.

(Armand, I, p. 181, 14.) B. Diam., 37 millim.

Pastorino (Giovan Michele), médailleur siennois (né vers 1508 + 1592).

Ariosto (Lodovico), poète, né à Reggio (1474 + 1533).

450 — LVDOVICVS · ARIOSTVS · POET · P. Buste barbu à gauche. ℟ PRO · BONO · MALVM. Des abeilles voltigeant autour d'une ruche entourée de flammes.

(Armand, I, p. 188, 2.) B. Diam., 38 millim.

Colonna (Girolama).

451 — HIERON·COL·ARAGON. Buste à gauche, tête nue. ℟ PVDICITIA. La Pudeur de face.

(Armand, I, p. 191, 22.) B. Diam., 46 millim.

Este (Alfonso d'), marquis de Montecchio, fils d'Alphonse I (1527 + 1587).

452 — ALFON·EST·ALF·DVCIS·FILI · 1575. Buste à droite, tête nue, barbue; col rabattu. Sans revers.

(Armand, I, p. 193, 32.) B. Diam., 32 millim.

Este (Eléonora d'), fille d'Ercole II (1537 + 1581).

453 — ELEONORA·ESTENSIS·A·A·XV·P. Buste à gauche, tête nue. Sans revers.

(Armand, I, p. 194, 38.) B. Diam., 41 millim.

Este (Barbara d'Autriche), femme d'Alphonse II (mariée en 1565 + 1572).

454 — BARBARA·AVSTR·ESTEN · 1565·P. Buste à droite avec un grand col et une petite toque. Sans revers.

(Armand, I, p. 195, 41.) B. mais très retouché. Diam., 62 millim.

Este (Isabella Rami), femme de Francesco d'Este (mariée avant 1556 + 1572).

455 — ISABELLA·RAM·D·EST·M·DLVI·P. Buste à droite, la tête nue. Sans revers.

(Armand, I, p. 195, 43.) Étain. B. Diam., 64 millim.

Marguerite d'Autriche, femme d'Octave Farnèse (vers 1522 + 1586).

456 — MARGARITA·AVSTRIA·P. Buste à gauche. ℟ DOMINVS·CVSTODIT·TE·DOMINVS·PROTECTIO·TVA. Cavaliers fuyant sous une grêle de pierres.

(Armand, I, p. 196, 48.) (Pièce hybride.) Diam., 46 millim.

457 — MARGARITA·AVSTRIA·P. Buste à gauche de Marguerite d'Autriche. Sans revers.

(Armand, I, p. 197, 49.) B. Diam., 37 millim.

Gonzaga *(Éléonore d'Autriche,* femme de Gugliemo) (1534 + 1594).

458 — LEONORA·DVCISSA·MANTVAE·1561. Buste à gauche d'Éléonore coiffée d'une toque plate par-dessus une résille. Sans revers.

(Armand, I, p. 199, 64.) Étain B. Diam., 70 millim.

Nasi (Gracia).

459 — Légende hébraïque. A·Æ·XVIII·P. Buste à gauche, sur la tête un voile.

(Armand, I, p. 202, 86.) B, mais retouché. Diam., 66 millim.

Pepoli (Isabella Manfro de).

460 — ISABELLA·MANFRO·DE·PEPOLI·1571·P.

Buste à droite d'Isabelle, les cheveux mêlés de perles et d'une draperie. Sans revers.

(Armand, I, p. 204, 94.) Diam., 66 millim.

Rossi (Lodovica-Felicina). (Vivait en 1557.)

461 — LUDOVICA · FELICINA · RVBEA · 1557 · P. Buste à droite, tête nue. Sans revers. 85 G. Dreyfus

(Armand, I, p. 205, 102.) B. Diam., 68 millim.

N° 462.

Sacrata (Girolama), de Ferrare.

462 — HIERONIMA · SACRATA · M · D · LV. Buste à droite, les cheveux entremêlés de perles. Sans revers. 370 Hainauer

(Armand, I, p. 206, 108.) B. Diam., 70 millim.

463 — HIERONIMA · SACRATA · 1560· P. Buste de trois quarts, tête nue. Sans revers.

(Armand, I, p. 206, 109.) B. Diam., 67 millim.

San Vitale (Girolama Farnese), femme d'Alphonse, veuve en 1560.

N° 464.

464 — HIERONIMA · FARNESIA · D · S · VITALI· 1556· P. Buste à droite, la tête couverte d'un voile. Sans revers.

(Armand, I, p. 205, 113.) T. B. Diam., 65 millim.

465 — La médaille précédente ayant au revers celle décrite sous le n° 455.

(Armand, I, p. 206, 113, et 195, 43.) Diam., 64 millim.

MÉDAILLEUR SIGNANT S. VERS 1560.

Pratonero (Giulia).

466 — IVLIAE·PRATONER.-S. Buste à droite, la tête casquée. Sans revers.

(Armand, I, p. 213, 3.) (Collection Fau.) Étain. Diam., 68 millim.

Bombarda (Andrea Cambi, dit il). Vers 1560.

Cambi (Leonora), femme d'Andrea.

467 — LEONORAE·CAMB·VXORIS·BOM. Buste à droite, les cheveux mêlés de rubans et de bijoux. Sans revers.

(Armand, I, p. 214, 1.) B. Diam., 69 millim.

Ruspagiari (Alfonso), médailleur de Reggio (travaillait vers 1560.)

Rugeri (Camilla).

468 — CAMILLAE·RVGERIAE. Buste à droite; coiffure très ornée. Sans revers.

(Armand, I, p. 216, 2.) B. Diam., 69 millim.

Scarampi (B. Langosco), femme du comte de Vesme (née vers 1550 + 1598).

469 — BEATRICE·LANG·SCAR·DI·VESME·AR. Buste à gauche. Sans revers.

(Armand, I, p. 218, 13.) Étain. Diam., 61 millim.

Este (Ercole II d'), quatrième duc de Ferrare
(1508 + 1559).

470 — DVX·FERRARIAE·IIII. Buste d'Hercule d'Este, avec les attributs d'Hercule. Sans revers.

(Armand, I, p. 218, 14.) Belle, mais très retouchée. Diam., 64 millim.

N° 468.

Galeotti (Pietro Paolo Romano) + 1584.

Sforza (Faustina, femme du marquis de Caravage
Muzio (mariée en 1546).

471 — FAUSTINA·SFORTIA·MARCH·CARAVAGII. Buste à droite, avec un voile de veuve. Sans revers. (La signature n'est pas lisible.)

(Armand, I, p. 234, 35.) B. Diam., 72 millim.

INCONNUE, ATTRIBUÉE AU MÊME MÉDAILLEUR

472 — AENAS·ICCIOAN·ALTERA·PVLCR·HELE· Buste à gauche, la tête nue. ℞ Sans légende ; un aigle tenant une bandelette sur un arbre. B. Diam., 67 millim. Inédite.

Poggini (Gian Paolo), médailleur florentin (1518 + 1582).

Philippe II, roi d'Espagne (1527 + 1598).

et **Anne d'Autriche**, sa femme (1549 + 1580).

473 — PHILIPPVS·HISPANIAR·ET·NOVI·ORBIS· OCCIDVI · REX · I · PAVL · POG · F. Buste à gauche de Philippe II, tête nue, barbu et cuirassé. ℞ ANNA · AVSTRIACA · PHILYPPI · CATHOL·AET· 21. Buste à droite d'Anne d'Autriche.

(Armand, I, p. 238, 5, et I, p. 240, 14.) B. Diam., 39 millim.

Trezzo (Jacopo da), médailleur milanais (travaillait vers 1552 + 1589).

Caraffa (Ippolita Gonzaga), femme d'Antonio (1535 + 1563).

474 — HIPPOLYTA·GONZAGA·FERDINANDI·FIL· AN·XVII·IAC·TREZ. Buste à gauche, drapé à l'antique. ℞ VIRTVTIS·FORMAEQ·PRAEVIA. L'Aurore sur son char traversant la campagne.

(Armand, I, p. 241, 1.) B. Diam., 69 millim.

Marie Tudor, reine d'Angleterre (1516 + 1558).

475 — MARIA · I · REG · ANGL · FRANC · ET · HIB · FIDEI · DEFENSATRIX · IAC · TREZ. Buste à

N° 472.

gauche, la tête couverte d'une coiffe, le buste d'une robe d'une étoffe toute brodée. ℞ CECIS · VISVS · TIMIDIS · QVIES. La Paix brûlant un amas d'armes; derrière, plusieurs personnages suppliant.

(Armand, I, p. 241, 3.) Bronze doré. T. B. Diam., 67 millim.

476 — Même pièce. Bronze B. Diam., 67 millim.

Gonzaga (Isabella Capua), femme de Ferrante (mariée en 1529 + 1559).

477 — ISABELLA·CAPVA·PRINC·MALFICT·FERDIN·GONZ·VXOR·IAC·TREZO. Buste, la tête nue, avec un voile en arrière.

(Armand, I, p. 242, 7.) Diam., 67 millim.

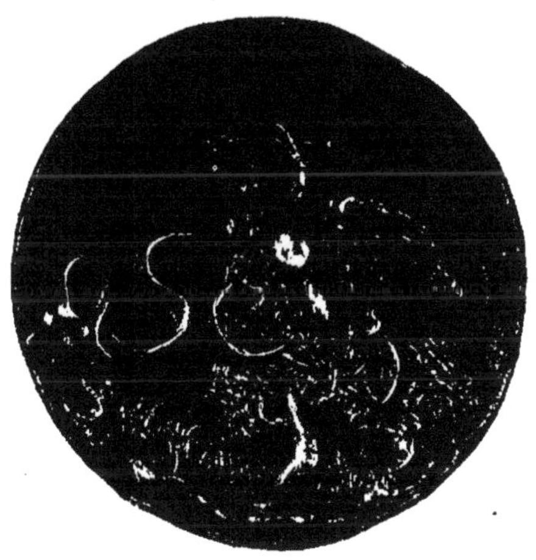

N° 472.

Poggini (Dominico), entre 1552 et 1590.

Peretti (Camilla), sœur de Sixte-Quint (? + 1591).

478 — CAMILLA·PERETTA·SIXTI·V·P·M·SOROR. Buste à droite, la tête couverte d'un voile tombant sur les épaules. ℞ SANTA·LVCIA·AN·D·M·L·XXXX. La façade de Santa Lucia. (La signature est illisible.)

(Armand, I, p. 258, 27.) Diam., 44 millim.

Abondio (Antonio), médailleur vénitien (1538 + 1591).

Maximilien II, empereur d'Allemagne (1527 + 1576), et **Marie d'Autriche**, sa femme (1528 + 1607).

479 — IMP·CAES·MAXIMIL·II·AVG—AN·AB. Buste à droite de Maximilien II, tête nue, cuirassé. ℞ MARIA·IMPER·MDLXXV·AN·AB. Buste à gauche, les cheveux relevés avec une coiffe en arrière.

(Armand, I, p. 268, 4 et 5.) B. Diam., 58 millim.

Riva (Catherina).

480 — CATHERINA·RIVA. — AN·AB. Buste à droite, la tête nue, le sein découvert, la main gauche posée sur un petit chien.

(Armand, I, p. 272, 25.) Étain B. Diam., 68 millim.

T. R., médailleur qui travaillait vers 1585.

Ghisi (Diana), femme de Francesco Volterano, graveur (? + 1588).

481 — DIANA·MANTVANA. Buste à droite. ℞ ÆS·INCIDIMUS. Main tenant un burin.

(Armand, I, p. 287, 3.) Diam., 40 millim.

II

Médailles italiennes dont on ne connaît pas les graveurs.

MÉDAILLES ANTÉRIEURES A 1450

Constantin le Grand, empereur romain (en 306 + 337).

482 — CONSTANTINVS·IN·XPO·DEO·FIDELIS·IMPERATOR·ET·MODERATOR·ROMANORVM·ET·SEMPER·AVGVSTVS. Constantin vêtu d'une robe, la couronne en tête, monté sur un cheval marchant vers la droite. ℞ MIHI·ABSIT·GLORIARI·NISI·IN·CRVCE·DOMINI·NOSTRI·IHV·XPI. Deux femmes assises à côté d'une fontaine surmontée d'une croix. 95 Dollfus

(Armand, II, p. 8, 5.) Bronze doré. Diam., 93 millim.

Dante Alighieri, poète florentin (1265 + 1321).

483 — DANTES·FLORENTINVS. Buste à gauche, coiffé d'un bonnet, couronné de lauriers. ℞ Sans légende; Dante tourné à gauche, regardant une tour surmontée de deux personnages; au bas de la tour s'ouvre une caverne; en haut un arc-en-ciel. 45 Bucquet

(Armand, II, p. 11, 1.) Bon exemplaire. Diam., 56 millim.

Boccacio (Giovanni), poète florentin (1313 + 1375).

484 — IOHES·BOCATIVS·FLORENT. Buste lauré, à gauche, en habit religieux. Sans revers.

(Armand, II, p. 12, 8.) B. Diam., 56 millim.

Gonzaga, comtesse de Goritz (devint veuve en 1500).

485 — PAVLA·GONZAGA·COMIT. Buste à gauche; elle porte le voile des veuves. ℟ Deux femmes en train de tisser une étoffe.

(Armand, II, p. 132, 4.) B. Diam., 59 millim.

QUATRIÈME QUART DU XVe SIÈCLE

Taverna (Stefano).

486 — STEPHANVS · TABERNA · SECRETARIVS · ET · ORATOR · ILLUSTRISS · DUCIS · MEDIOLANI. Buste à droite, coiffé d'un bonnet avec de longs cheveux. ℟ VIRTVTI·OMNIA·PARENT. Jeune homme debout, de face, tenant par les cheveux Vénus et l'Amour.

(Armand, II, p. 56, 13.) B. Diam., 90 millim.

Riario (Catharina Sforza), femme de Girolamo (mariée en 1477 + 1509).

487 — CATARINA · SFOR · VICECO · DE · RIARIO · IMOLAE·FORLIVII·DNA. Buste à gauche, les cheveux retenus par une ferronnière. ℟ TIBI·

ET·VIRTVTI. La Fortune tenant un globe et un gouvernail.

(Armand, II, p. 58, 19.) B. Diam., 61 millim.

Manfredini (Carlo), seigneur de Faenza (1439 + 1484).

488 — KROLUS · SECVNDVS · DE · MANFREDIS . FAVEN. Légende en creux, buste à gauche, coiffé d'un bonnet et portant une cuirasse. Sans revers.

(Armand, II, p. 68, 35.) B. Diam., 74 millim.

N° 489.

PREMIER QUART DU XVIe SIÈCLE

Borgia (Lucrezia), femme d'Alphonse I d'Este (1480 + 1520).

489 — LUCRETIA·ESTN·DE·BORGIA·DUC. Buste

à gauche, les cheveux longs retenus par une mèche qui les attache derrière.

(Armand, II, p. 89, 2.) T. B. Diam., 58 millim.

Piccolomini (Ortensia).

490 — HORTENSIAI·PICOLOMINEAI·M·P·D. Buste à droite, la tête couverte d'une coiffe descendant

N° 490.

sur le cou. ℟ PULCRAE·OPES·ET·ARMA·SD·MOR·PVLCRIOR. Le Jugement de Pâris.

(Armand, II, p. 98, 22.) B., percée d'un trou. Diam., 55 millim.

Este (Isabella), femme de Gian Francisco II (1474 + 1539).

491 — ISABELLA · ESTEN · MARCH · MA. Buste à

droite, les cheveux rattachés derrière la tête. ℟ BENE·MERENTIVM·ERGO. Une femme ailée menaçant de sa baguette un serpent; au-dessus, le signe du Sagittaire.

(Armand, II, p. 99, 6.) B. Diam., 39 millim.

N° 490.

Colonna (Vittoria), femme de F. F. d'Avalos (1490 + 1525).

492 — D·VICTORIA·COLVMNA. Buste à gauche, la tête couverte du voile des veuves. ℟ Sans légende. Le Phénix.

(Armand, II, p. 108, 8.) Diam., 42 millim.

SECOND QUART DU XVIe SIÈCLE

Hadria, fille de l'Arétin, femme de Diotisati Rota (1537 + ?).

493 — HADRIA · DIVI · PETRI · ARETINI · FILIA. Buste à gauche, avec un chignon formé d'une natte roulée. ℟ CATERINA·MATER. Buste de Caterina Sundella, maîtresse de l'Arétin.

(Armand, II, p. 154, 13.) B. Diam., 45 millim.

Girolamo Luchese, général de l'ordre des Servites.

494 — HIER·LVCEN·ORD·SVOR·GEN·BENEVOLVTATIS. Buste âgé, à droite. ℟ ESTO·PRVDENS·SICVT·ET·SIMPLEX·SICVT·RELIGIO. La Religion debout sur deux cornes d'abondance.

(Armand, II, p. 154, 14.) B. Diam., 69 millim.

Trivulzio (Gian Francesco), petit-fils de Giangiacomo (? + 1573).

495 — IO · FRAN · TRI · MAR . VIG · CO · MVSO·AC·VAL·REN·ET·STOSA·D. Buste à droite de Jean-François Trivulce, tête nue, barbue et cuirassée. ℟ FVI·SVM·ET·ERO. La Naissance de Vénus.

(Armand, II, p. 302, n° 13 *bis.*) B. Diam., 59 millim.

Aragona (Maria), femme d'Alphonse II d'Avales.

496 — D·MARIA·ARAGONA. Buste nu; derrière, une petite couronne. Sans revers.

(Armand, II, p. 163, 2.) B. Diam., 46 millim.

Paul III Farnèse (1466 + 1549).

497 — PAULUS·III·PONT·MAX·ANNO·I. Buste à droite, vêtu de la chape. ℞ SAVLE·SAVLE·QVID·ME·PERSEQUERIS·VAS·ELECTIONIS. Saint Paul sur le chemin de Damas. (Armand, II, p. 166, 5.) Diam., 44 millim.

Colonna (Livia), femme de Marzio Colonna (mariée en 1540 + 1552).

498 — LIVIA·COLVMNA. Buste à gauche, la tête nue. ℞ Sans légende, une Bacchante précédée par l'Amour.

(Armand, II, p. 170, 29.) B. Diam., 39 millim.

TROISIÈME QUART DU XVIe SIÈCLE

Rangoni (B. Roverella), femme d'Hercule (? + 1573).

499 — BEATRIX·RANGONA·ROVORELLA. Buste de trois quarts, présentant un très fort relief. ℞ FIDE·ET·PIETATE·EGREDIAR. Un navire battu par la tempête.

(Armand, II, p. 196, 17.) B. Plaque rectangulaire, 60 — 57.

Rangoni (Tommaso), dit Philologus, de Ravenne (? + 1577).

500 — THOMAS·PHILOLOGUS·RAVENNAS. Buste âgé, à droite, avec une très longue barbe. ℟ VIRTUTE · PARVA · DEO · ET · LABOR. Femme drapée, couronnant un taureau.
(Armand, II, p. 196, 18.) B. Diam., 54 millim.

Gonzaga (Ercole), cardinal, deuxième fils de Gianfrancesco (1505 + 1563).

501 — HER · GONZ · CAR · MANT. Buste à droite, coiffé de la barrette. ℟ NIHIL·MAIVS·MELIVS·VE TERRIS. Femme drapée, tenant un caducée et des épis.
(Armand, II, p. 201, 1.) B. Diam., 58 millim.

Borromeo (Barbara), femme de Camille Gonzaga, mariée en 1555 + 1572).

502 — BARBARA · GONZ · BORR · COM · NOVELL · ANN·XVII. Buste à droite, très orné, avec un double collier de perles. ℟ NON·VLLI·NOXIA·VENTO. Pégase volant vers les deux sommets du Pinde.
(Armand, II, p. 202, 4.) B. Diam., 47 millim.

Moroni (Giovani), cardinal (1509 + 1580), et **Moroni** (Anna), sa sœur (? + 1587).

503 — IO · CAR · MORON · FIDEI · CATH · PPVGN. Buste à gauche de Giovani Moroni. ℟ ANNA·

MORONA · STAMPA · MAR · SO. Buste à gauche de Anna Morona.

(Armand, II, p. 204, 8.) Diam., 42 millim.

Trivulzio (Laura Gonzaga), femme de Gian Giacomo (1525 + mariée après 1549).

504 — LAVRA·GONZ·TRIVL. Buste à droite, avec un voile sur la tête. ℟ SEMPER · ILLAESA· MINCIO. Le Mincio appuyé sur son urne. 40 Feuardent

(Armand, II, p. 206, 14.) B. Diam., 47 millim.

Visconti (Carlo), cardinal (1523 + 1565).

505 — CAROLVS · VICECOMES. Buste à droite portant une armure. ℟ COR · ALIT. Une branche de corail. 115 Feuardent

(Armand, II, p. 206, 15.) B. Diam., 70 millim.

Maurella (Anna).

506 — ANNA · MAVRELLA · OLDOFREDI · D · ISE · ÆT · XV. Buste à droite, la tête nue, coiffée avec des tresses. Ornée de bijoux et de rubans. ℟ HAEC · DIGNIOR. Le Jugement de Pâris. 95 G. Dreyfus

(Armand, II, p. 207, 23.) B. Diam., 62 millim.

Marguerite d'Autriche, fille naturelle de Charles-Quint (1522 + 1586).

507 — MARGARITA · AVSTRIA · CAROLI · V · IMP · F · PPR (ces dernières lettres attribuent la pièce à Pietro Paolo Romano). Buste à gauche, drapé 150 Picqué

et voilé. ℞ NEC·ME·MEA·CVRA·FEFELIT. Une colombe apportant un rameau à Marguerite.

(Armand, Var., II, p. 210, 38.) B. Diam., 47 millim.

508 — MARGARETA · DE · AVSTRIA · P · D · ET · P · GERMANIAE · INFERIORIS · GUB · ÆT. 45. Buste à droite, la tête couverte d'un voile. ℞ FAVENTE · DEO · 1567. Une femme tenant une palme et une épée sur un rocher battu par les flots.

(Armand, Var., II, p. 210, 40.) Diam., 60 millim.

509 — MARGARITA · AVSTR · C · (V · IMP · FIL) AET · S · AN · XXXV. Buste à droite, voilé. Sans revers.

Inédit (probablement de J. Trezzo). Diam., 61 millim.

Acquaviva (Lucia).

510 — LVCIA · AQVAVIVA. Buste à gauche, d'une jeune femme vue jusqu'à la ceinture, tête nue, cheveux frisés, corsage à col montant, petite fraise.

(Armand, II, p. 213, 2.) B. Diam., 65 millim.

Caraffa (Ippolita Gonzaga), femme d'Antonio (1535 + 1563).

511 — HIPPOLITA · GONZAGA · FERDINANDI · FIL

ÆT·AN·XV. Buste à gauche, tête nue, chignon formé d'une natte roulée. ℞ NEC·TEMPVS· NEC·AETAS. Femme marchant au milieu des attributs de la Musique et de la Science.

(Armand, II, p. 213, 3.) Diam., 63 millim.

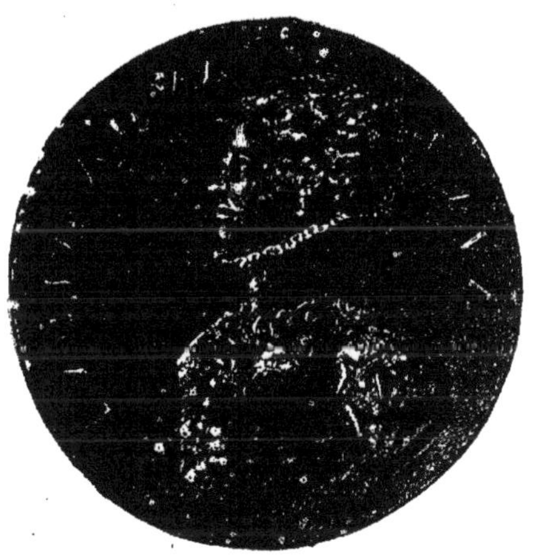

N° 510.

Rossi (Diana).

512 — DIANAE·RVSCIAE. Buste de Diane Rossi avec les attributs de Diane.

(Armand, II, p. 233, 20.) B. Diam., 69 millim.

Marie d'Autriche, femme de Maximilien II (1527+1576), fille de Charles-Quint.

513 — MARIA·AVSTR·REG·BOEM·CAROLI·V·

IMP·FI. Buste à gauche, vu jusqu'à la ceinture, les cheveux retenus dans une sorte de résille. ℟ CONSOCIATIO·RERVM·DOMINA. La Paix marchant, à gauche, sur des armes, elle tient de la main droite trois rameaux et de la gauche la couronne impériale.

(Armand, II, p. 237, 6.) B. Diam., 64 millim.

Jeanne d'Autriche, fille de Charles-Quint (1535 + 1573), femme de Jean, roi de Portugal.

514 — Mêmes types, ayant pour revers : IOANNA·AVSTRIA·CAROLI IMP V.IMP·FILLIA. Buste de trois quarts de Jeanne d'Autriche, vu jusqu'à la ceinture.

(Armand, II, p. 247, 15.) Diam., 61 millim.

Ursula Lopez (née en 1537).

515 — VRSVLAE·LOPES·M·P·C·ÆT·XVIII. 1555. Buste à gauche, la tête couverte d'un voile. Sans revers.

(Armand, II, p. 245, 5.) Étain. Diam., 64 millim.

César d'Este, petit-fils d'Alphonse Ier, né en 1562 premier duc de Modène (en 1597 + 1628).

516 — CAESAR·EST·ALF·DVCIS·NEP. 1575. Buste à gauche, la tête nue, avec une grande collerette. ℟ Cavalier galopant, à droite.

Inédit. Pièce hybride. B. Diam., 46 millim.

Camilla Sforza, probablement femme de Basso Ferrero, comte de Lavagna, marquis de Masserano (mariée en 1546 + 1560).

517 — CAMILLAE · SFORTIA. Buste à gauche. Sans revers. (Probablement du Pastorino.)
Inédit. Diam., 35 millim.

Élisabeth, marquise de Monte Aperto.

518 — D· ·ELISAB·DE·MŌTE·ARTO·MARCHESA·DE·M·APER. Buste à gauche, les cheveux relevés et nattés; avec une grande collerette. ℞ AD · ASTA. Persée monté sur Pégase s'élevant au-dessus d'une montagne. 1616. B.
Diam., 47 millim.

Ferdinand Ier, grand-duc de Toscane.

519 — FERDINANDVS·I·MAGN·DVX·ETRVR·III. Buste à droite, en armure. G · M. Sans revers.
Diam., 90 millim.

Franceschina ?

520 — FRANCESCHINA · SVA · CONSORTE. Buste jeune, à gauche. Sans revers.
B. Diam., 78 millim.

Anonymes.

521 — Buste de trois quarts d'une jeune femme, d'un très haut relief et d'un travail très remarquable. Sans

revers. (Dans la Glyptique, cette pièce est indiquée comme Catherine de Médicis.)

B. Diam., 89 millim.

522 — Buste de face d'une jeune femme. Sans revers.

Diam., 42 millim.

523 — Buste de profil d'une jeune femme. Sans revers.

Étain B. Diam., 68 millim.

524 — Buste de face d'un homme, la tête recouverte d'une toque et portant une grosse fraise. Cuivre repoussé.

Ovale, 65—90 millim.

Louis XII (1497 + 1515) et **Anne de Bretagne** (née en 1476 + 1514).

525 — FELICE·LVDOVICO·REGNANTE·DVODECIMO · CESARE · ALTERO · GAVDET · OMNIS·NACIO. Dans un champ orné de fleurs de lis; le buste du roi à droite, coiffé d'un mortier, orné d'une couronne de lis, et portant le collier de Saint-Michel; à l'exergue, un lion. ℞ LVGDVN·RE·PVBLICA·GAVDETE·BIS·ANNA·REGNANTE·BENIGNE·SIC·FVI·CONFLATA. 1499. Buste à gauche d'Anne de Bretagne, coiffée d'un voile sur lequel est posée une couronne royale. Champ semé de fleurs de lis, à gauche; d'hermine, à droite; exergue, un lion.

(Tr. fr., Ire partie, V, 1[1].) T. B. Bronze doré. Diam., 118 millim.

1. Lenormant, Chabouillet, etc., *Trésor de numismatique et de glyptique.*

François Ier, roi de France (1515 + 1547).

526 —FRANCISCVS·I·D·G·FRANCOR·REX. 1537. Buste nu du roi, vu de trois quarts, coiffé d'un chapeau à plumes. Sans revers. 40 Feuardent

(Tr. fr., Ire partie, XI, 3.) B. Bronze. Diam., 120 millim.

Louise de Valois, mère de François Ier (1476 + 1532), et **Marguerite de Valois,** sœur de François Ier (1492 + 1549).

527 — LOYSE · DVCHESSE · DE · VALOIS · COMTESSE. D'ANGOLESME. Buste voilé. ℞ MARGVERITE·FILLE·DE·CHARLES·COMTE·D'ANGOLESME. Buste voilé. 305 Heiss

(*Trésor de num.*, pl. VII, 3.) Bronze B. Diam., 68 millim.

Henri II, roi de France (1547 + 1559).

528 — HENRICVS · II · REX · CHRISTIANIS. Buste lauré, à gauche, du roi avec une cuirasse et un manteau sur les épaules. Sous le buste on lit : IO·ANT · RVB · MEDIOL. (Giovani Antonio Rossi.) ℞ MAIORA · SEQVENTVR. Une Victoire, suivie de deux soldats, précède le roi à cheval; derrière, un autre soldat. La même signature. 30 Laffitte

(Armand, 1.) Bronze B. Diam., 80 millim.

Henri II, roi de France (1547 + 1559).

529 — HENRICVS II·GALLIARVM·REX·INVICTIS· 17 Bucquet

P·P. Buste à droite. ℞ OB·RES·IN·ITAL·GERM·ET·GAL·FORTITER·AC·FOELIC. GESTAS. La Victoire et l'Abondance dans un char conduit par la Renommée. A l'exergue : EX·VOTO·PVB. 1552.

(Glypt., pl. 12, n° 1, br. 5.) Bronze B. Diam., 60 millim.

Henri II, roi de France (1547+1559).

15 Mathey

530 — HENRICVS·II·GALLIARVM·REX·INVICTISS·P·P. Buste lauré à droite, avec une armure damasquinée. ℞ Dans une couronne de lauriers. RESTITVTA·REP·SENENSI·LIBERATIS·OBSID·MEDIOMAT·PARMA·MIRAND·SANDAMI·ET·RECEPTO·HEDINIO·ORBIS·CONSENSV·1552.

(Glypt., I, pl. 12, n° 2.) Bronze B. Diam., 59 millim.

François II, roi de France.

54 Dollfus auj. Jules Strauss

531 — FRANCISCVS·II·D·G·FRANCOR·REX. Buste à droite, la tête coiffée d'une toque ornée d'une plume, le buste enveloppé dans un large manteau. Sans revers.

Bronze B. Diam., 83 millim. Maz. 351; A. III, 286 F

Henri III, roi de France, et **Catherine de Médicis,** sa mère.

532 — HENRICVS·III·D·G·FRANCORVM·ET·POL·REX. Buste cuirassé et lauré à droite.

℞ KATH·HENR·II·VX·HEN·III·FRAN·ET POL·REG·MAT·AVGV. Buste de la reine en costume de veuve.

(Glypt., pl. 20, n° 4.) Argent. Diam., 46 millim.

N° 531.

Henri IV, roi de France.

533 — HENRICVS·IIII·FRANCOR·ET·NAVAR·REX. Buste lauré, à droite, de Henri IV, avec une cuirasse et un manteau. CON BLOC F.

℟ DVO·PROTEGIT·VNVS·1598. Une épée nue posée sur deux sceptres.

(Glypt., pl. 29, n° 4.) Argent doré B. Diam., 44 millim.

Henri IV

534 — ALCIDES·HIC·NOVUS·ORBI. Buste du roi en Hercule. 1602. ℟ Le roi en Hercule terrassant un centaure. OPPORTUNIVS.

(Glypt., pl. 3, n° 2.) Bronze B. Diam., 49 millim.

Henri IV et Marie de Médicis (1576+1642).

535 — HENR·IIII·R·CHRIST·MARIA·AVGVSTA. Bustes superposés de Henri IV et de Marie de Médicis, tournés à droite; exergue : G·DVPRE·F. ℟ PROPAGO·IMPERII. Henri IV debout, en costume de guerrier antique, donnant la main à Marie de Médicis; entre eux, Louis XIII enfant posant le pied sur un dauphin.

(Tr. Dupré, pl. 3, n° 4.) Bronze doré B. Diam., 68 millim.

536 — Même pièce. Bronze doré B. Diam., 68 millim.

Henri IV et Marie de Médicis (1576+1642).

537 — Le revers seulement de la grande médaille de Dupré, PROPAGO·IMPERII. Henri IV et Marie de Médicis, vêtus, l'un en Mars, l'autre en Pallas, se donnant la main; entre eux, leur jeune fils, nu, essaie de soulever le casque de

son père et pose le pied sur un dauphin; au-dessus, un aigle, descendant du ciel, apporte une couronne; exergue : GEORGIVS · DVPRE · F. Cette signature est peu visible.

(Tr. Dupré, pl. 20 *bis*, n° 1.) Très belle, la pièce est montée dans un cercle. Bronze. Diam., 200 millim.

Henri IV et Marie de Médicis, sa femme.

538 — H·IIII·ET·MARIA·CON·FAEL·REG·FRA·ET·NA. Bustes en regard du roi et de la reine. G·DVPRE. ℟ HIS·ORBEM·VINCVLIS·REGENT· 1601; l'écusson de Navarre couronné. 18 Mathey

(Glypt., pl. 2, n° 2.) Étain B. Diam., 60 millim.

Henri IV et Marie de Médicis, sa femme.

539 — HENRICVS·IIII·D·G·FRANC·ET·NAVAR·REX·1601. Buste à gauche, lauré et cuirassé. ℟ MARIA·DE·MEDICIS·REG·FRANC. (Dupré). Buste à gauche, la tête nue, avec une grande collerette. 75 Feuardent

(Glypt., pl. 11, n° 2.) Argent doré B. Diam., 44 millim.

540 — Même tête de la reine, associée à une autre tête de Henri IV. 10 Feuardent

Bronze. Diam., 44 millim.

Henri IV et **Gabrielle d'Estrées.**

541 — HENR·IIII·GAL·ET·NAV·REX·CHRIST. Monogramme de Dupré, sans le buste. Buste du roi sous les traits d'Hercule. ℟ GABR·DES·TREZ·DVC·DE·BEAVFORT·1597. Buste de Gabrielle à gauche avec une coiffure très relevée.

(Glypt., pl. 1, nº 1.) Bronze. Diam., 51 millim.

Marie de Médicis, femme de Henri IV.

542 — MARIA·AVGVSTA·GALLIAE·ET·NAVARRAE RE. Buste à droite de la reine, un petit bonnet sur la tête, le buste entièrement caché par une très grande collerette. G·DVPRE· 1624.

(Glypt., pl. 7, nº 2.) Bronze. Diam., 100 millim.

Marie de Médicis (1573+1642), femme de Henri IV.

543 — MARIA·AVG·GALLIÆ·ET·NAVARÆ·REGINA. Buste à droite, au-dessous : G·DVPRÉ 1613. ℟ SERVANDO·DEA·FACTA·DEOS. Vaisseau avec Cybèle au gouvernail.

(*Trésor de num.*, loc. cit., V, 4.) Bronze D. 62.

Marie de Médicis, femme de Henri IV (1573+1662).

544 — MARIA·MEDICEA·FRANC·ET·NAVARR·R·REGENS. Buste à gauche de la reine, avec un chapeau recouvert d'un voile. ℟ CVNCTORVM VOTIS·CLERIQ·EQVITVMQ·PATRVMQVE. La France couchée, tenant un écusson

devant un magistrat, un guerrier et un évêque. A l'exergue : GALLIA·STABILITA·1604.

Bronze B. Diam., 44 millim.

Marie de Médicis.

545 — MARIA · AUG · GALL · ET · NAVAR · REGIN. Buste à droite, avec un petit chapeau et une très grande collerette. ℞ LÆTA·DEUM·PARTU. La reine entourée des divinités de l'Olympe. (Dupré) 1624.

(Glypt., pl. 5, n° 6.) Bronze doré B. Diam., 55 millim.

546 — Même pièce. Bronze B. Diam., 53 millim.

Louis XIII et **Marie de Médicis,** sa mère (née en 1573, morte en 1642).

547 — LUDOVIC·XIII·R·CHRISTI·MARIA·MEDICEA·AUGUSTA. Bustes accolés du roi et de sa mère. ℞ ORIENS·AUGUSTI·TUTRICE·MINERVA. La reine assise à gauche, tenant un foudre et une branche d'olivier ; devant elle, le jeune roi sous les traits d'Apollon tenant son globe. (G. Dupré f.) 1611.

(Glypt., pl. 5, n° 1.) Bronze B. Diam., 48 millim.

Louis XIII, roi de France.

548 — LVDOVIC·XIII·REX·CHRISTIANISS·PIVS·IVSTVS·FEL·AVG·M·D·CXVII. Buste du roi lauré, à droite. ℞ MARTI·FRANCORVM·

PACIFERO. Mars tenant une lance et un caducée. A l'exergue : DVELLOR·BARBARIE·SVBLATA.

(Glypt.) Bronze. Diam., 44 millim.

549 — LVDOVIC·XIII·D·G·REX·CHR·GALL·ET·NAVAR·HENRI·MAGNI·FIL·P·F·AVG· Buste à droite. G·DVPRÉ 1610. ℟ ORIENS. AVGVSTI · TVTRICE · MINERVA · ANN · NAT·CHR. 1610. La reine sous les traits de Minerve et le roi sous ceux d'Apollon.

(Glypt., pl. 4, n° 5.) Médaille ovale. Bronze. Diam., 55 — 44 millim.

550 — Sans légende, buste jeune du roi avec une couronne de lauriers, une cuirasse et un manteau sur les épaules. Sans revers.

Bronze B. Médaille ovale, 87 — 70.

Anne d'Autriche, femme de Louis XIII.

551 — ANNA · AVGVS · GALLIAE · ET·NAVARAE·REGINA. Buste à mi-corps de la reine, la tête nue avec une grande collerette. G·DUPRÉ. 1620. sous le buste. Sans revers.

(Glypt., II, pl. 6, n° 4.) Bronze doré. Diam., 58 millim.

Louis XIV enfant et **Anne d'Autriche.**

552 — ANNA·D·G·FR·ET·NAV·REG·REG·RE·R·MATER·LVD·XIV·D·G·ET·NAV·REG·

CHR. Buste en regard d'Anne d'Autriche et du jeune roi. Sans revers.

(Glypt., pl. 22, n° 2.) Bronze B. 96 millim.

Louis XIV et **Anne d'Autriche,** sa mère.

553 — LVDOVICVS·XIIII·D·G·FR·ET·NAV·REX. Buste jeune du roi. WARIN 1643. ℟ ANNA·D·G·FR·ET·NAV·REG. Buste de la reine en costume de veuve.

(Glypt., II, pl. 22, n° 4.) Bronze. Diam., 55 millim.

554 — Même pièce. Bronze doré. Diam., 52 millim.

Philippe, prince d'Orange.

555 — PHIL·G·D·G.PR·AVRAIGAE·C·NAS. Buste à droite, la tête nue avec une cuirasse et un grand col. G·DVPRE. ℟ SVSTINENDO·PROGREDIOR. Un vaisseau en pleine mer. 1605.

(Glypt., II, pl. 17, n° 3.) Bronze. Diam., 41 millim.

Lavalette d'Espernon, colonel-général de l'infanterie.

556 — LA·LAVALETA·D·ESPERNON·P·ET·TOT·GAL PEDIT·PRAEF·G·DVPRE. 1607. Buste à droite, la tête nue, avec une cuirasse très ornée et un manteau sur les épaules. ℟ INTACTUS·

VTRINQUE. Un lion placé entre une furie et un renard.

(Glypt., II, pl. 15, n° 2.) Bronze B. Diam., 53 millim.

Christine de Lorraine, grande-duchesse de Toscane (1637).

557 — CHRISTIANA · PRINC · LOTH · MAG · DVX · HETRVR (Dupré). Tête voilée, à droite. Sans revers.

(Glypt., pl. 10, n° 2.) Étain B. Diam., 96 millim.

Cosme de Médicis, grand-duc de Toscane.

558 — COSMVS · II · MAGN · DVX · ETRVRIAE · III. Buste à droite, la tête nue, cuirasse damasquinée, grand col plissé. G·D·F. 1611. Sans revers.

(Glypt., II, pl. 10, n° 3.) Bronze B. Diam., 92 millim.

Marie-Madeleine d'Autriche, femme de Cosme II de Médicis.

559 — MAR·MAGDALENÆ·ARCH·AVST·MAG·D· ETR · G · DE (F. DUPRÉ), 1613. Buste à gauche. Sans revers.

(Glypt., pl. 10, n° 3.) Bronze B. Diam., 93 millim.

I. A., duchesse de Mégapolis ?

560 — ISABELLA · ANGELICA · DVCISSA · MEGA-

POL. Buste à gauche d'une jeune femme avec une coiffure du XVIIe siècle; sur les épaules, une draperie. Sans revers.

Bronze B. Diam., 66 millim.

Philippe de Montmorency, comte de Horn
(1522 + 1568),

et **Walbourg de Nuénar,** sa femme (+ 1600).

561 — PHLVS · BARO · DE · MONTMORENCY · COMES · DE · HORN · ADMIRALLVS · ZC · 1566. Buste à droite du comte de Horn, couvert d'une armure avec une écharpe et la décoration de la Toison d'or. ℟ WALBOVRG · DE · NVENAR · COMTESSE · DE · HORN · 1566. Buste de la comtesse avec une coiffe derrière la tête et un voile tombant sur les épaules.

(Armand, II, p. 240, 24.) Bronze. Diam., 69 millim.

Walbourg de Neuenar, femme de Philippe
de Montmorency (+ 1600).

562 — WALBOVRG DE · NVENAR · COMTESSE · DE. HORN. Tête à gauche de la comtesse. Sans revers.

(Armand, II, p. 241, 26.) Bronze B. Diam., 35 millim.

Claire de Gonzague, comtesse de Montpensier.

563 — CLARA · DE · GONZ · COMITI · MONTPENSIE-

RII·ET·DELPHINA·ALVIE. Buste à droite, les cheveux pris dans un petit bonnet. Sans revers.

(Armand, II, p. 85, 5.) Bronze TB. Diam., 59 millim.

N° 563.

Diane de Poitiers, duchesse de Valentinois (1499 + 1566).

13 Leon Fould

564 — DIANA · DVX · VALENTINORVM · CLARISSIMA. Buste à gauche, la tête ornée d'une coiffure retombant sur le cou. ℞ OMNIVM·VICTOREM·VICI. Diane terrassant l'Amour.

(Armand, II, p. 250, 10.) Bronze. Diam., 53 millim.

Antoine Ruzé, marquis d'Effiat (1581—1632).

100 Feuardent

565 — A·RUZÉ·M·DEFFIAT·ET·D·LONGJUMEAU SUR·DES·FINANCES. Buste à droite, avec

une cuirasse très ornée. ℟ QUIDQUID · EST · JUSSUM · LEVE · EST. Hercule et Atlas supportant le globe du Monde (Dupré). 1629.

(Glypt. 14, n° 2.) Bronze B. Diam., 67 millim.

Marguerite de France, femme d'Emmanuel-Philibert, duc de Savoie (1553 + 1583).

566 — MARGARITA · DE · FRANTIA · D · SABAVDIÆ. Buste de Marguerite à gauche. Sans revers.

(Armand, II, p. 223, 9.) Bronze. Diam., 57 millim.

567 — MARGARETA · A · FRANCIA · EMAN · PHIL · ALLOB · DVCIS · CONJVX. Buste à gauche, la tête couverte du voile des veuves. ℟ DIV · POST · FATA · NITESCET. Un coffret sur lequel sont quatre couronnes, sur les côtés duquel on lit : HIS · SVMMAN · MERVIT · CE.

(Armand, II, p. 224, 11.) Bronze B. Diam., 48 millim.

Christine de France, duchesse de Savoie (1663).

568 — CHRISTIA · A · FRANCIA · DVCISSA · SAB · REG · GI. Buste à droite, avec une petite couronne sur la tête et une très grande collerette (G. DUPRE · F · 1611). Sans revers.

(Glypt., pl. 8, n° 56.) Bronze B. Diam., 49 millim.

Victor-Amédée, duc de Savoie,
et **Christine de France,** sa femme.

569 — VICTOR·AMEDEVS·DVX·SAB·PRINC·PED·REX·CIPR. Buste à gauche, la tête nue, grand col, cuirasse damasquinée. G·DUPRE·F·1616. ℟ CHRISTIA·A·FRANCIA·DVX·SAB·REG. CYPR. Buste à gauche, la tête nue, avec une petite couronne, un manteau et une grande collerette. AB·DUPRE·F·1637.

(Glypt., II, pl. 9, n° 1.) Bronze B. Diam., 104 millim.

Talon (Omer), avocat général (1538 + 1618),
et **Choart** (Suzanne), sa femme.

570 — AVDOMARVS · TALEVS · IN · SVPR · PAR· CURIA · PATR. Buste tête nue; dessous *æt* 51. ℟ SVSANNA·CHOART·AVDOMARI·TALEI. Buste à gauche; dessous : CIƆIƆ XXVI.

(Glypt., pl. 64, n° 4.) Bronze B. Diam., 45 millim.

III

Médailles allemandes, etc.

Maximilien et Marie de Bourgogne (1459 + 1519)
(1459 + 1482).

571 — MAXIMILIANVS·FR·CAES·F·DVX·AVSTR·BVRGVND. Buste à droite de Maximilien cou-

ronné de lauriers, les cheveux tombant sur les épaules. ℟ MARIA · KAROLI · F · DVX · BURGVNDIAE · AVSTRIAE · BRA · FLAN. Buste à droite de Marie de Bourgogne, les cheveux noués au sommet de la tête.

(Armand, II, p. 80, 1.) Bronze B. Diam., 48 millim.

572 — MAXIMILIANVS · DVX · AVSTRIAE · BVRGVND. Buste à droite. ℟ MARIA · DVX · BURGVNDIAE · AVST. Buste à gauche.

(Armand, II, p. 80, 3.) Bronze doré percé de quatre trous. Diam., 42 millim.

573 — Même pièce. Bronze très retouché. Diam., 42 millim.

Maximilien II, empereur d'Allemagne
(de 1564 à 1576).

574 — MAXIMILIANVS · D · G · BOHE · REX. Buste à gauche, tête nue, cuirassé, portant la Toison d'or. Sans revers.

(Armand, II, p. 237, 4.) Bronze B. Diam., 69 millim.

Ferdinand, archiduc d'Autriche,
né en 1578, empereur d'Allemagne 1619 + 1637,
et **Marie-Anne de Bavière,** née en 1574,
mariée en 1600 + 1616.

575 — FERDINAND · D · G · ARCHIDVX · AVSTRIAE. Buste à droite, la tête nue, avec une armure.

℞ MARIA · ANNA · ARCHIDUCES · AVSTRIAE. Buste à gauche, la tête nue, avec une grande collerette.

Bronze doré B. Diam., 58 millim.

Marie-Thérèse, impératrice d'Autriche.

576 — MARIA · THERESA, etc. Buste lauré à droite. ℞ SECVRITAS · AVGVSTAE · MDCCXXXXIII. L'impératrice assise, entourée des principales divinités de l'Olympe.

Bronze. Diam., 82 millim.

Joachim, marquis de Brandebourg.

577 — IOACHIMI · MARCHIONIS · BRAND · P · E · AET · SVE · XXXV. Buste à gauche, avec un grand chapeau. Sans revers.

Bronze. Diam., 77 millim.

Madeleine Roemerin.

578 — MAGDALENA · GEORG · ROEMERIN · AETATIS · SVAE · 20 · ANNO · 1560. Buste à gauche, la tête couverte d'un grand chapeau. ℞ MADALENA · GORG · ROEMERIN · GEB · WELSERIN · OB · 20 · APR · 1562. Un ange de face tenant deux écussons.

Bronze. Diam., 38 millim.

Barbera Keczel.

579 — TREVIST · ALLER · ERNWBRT · XVIII · AR·

MDXXV. Buste de trois quarts. Au revers, en creux : BARBARA·KECZEL.

Étain 46.

Melchior Volmar. Rufus.

580 — MELCHIOR·VOLMARIVS·RVFVS·ERYTH·ROPOLITANVS. Buste à gauche, la tête nue. Sans revers. 30 Feuardent

Bronze. Diam., 42 millim.

Cesilia Veeselar.

581 — CESILIA·VEESELAR·ÆT·37·A·1559. Buste à gauche ou à mi-corps, la tête couverte d'un petit bonnet. Sans revers. 430 Picqué

Bronze. Diam., 68 millim.

Anonyme.

582 — REMEDIVM · INIVRIAE · CONTEMPTVS. Buste d'un homme à droite portant une grande barbe. ℞ TRIBVLATIO·TOLERANTIA·INVIDIA·SPES. Un autel autour duquel se trouvent groupées quatre femmes personnifiant ces quatre sentiments. 28 Mathey

Bronze B.

Anonyme.

583 — Buste de femme de face, d'un très faible relief, entre le chiffre 1508 et le monogramme A. D. 38 G. Dreyfus

Étain 55.

ANGLETERRE

Henri VIII (roi de 1509 + 1547).

584 — HENRICVS · VIII · DE · GRATIA · ANGLIA · REX en creux. Le roi vu de trois quarts, coiffé d'un chapeau plat orné d'un panache. Sur les épaules, une pelisse à large collet de fourrures, sur lequel passe une grosse chaîne. Sans revers.

(Voir Armand, la note qui suit le n° 18.) Bronze B. Diam., 100 millim.

Christine, reine de Suède.

585 — REGINA · CHRISTIANA. Buste à gauche. ℟ AVITAM · ET · AVCTAM. Un bras sortant d'un nuage présentant une couronne.

Argent. Diam., 43 millim.

IV

Plaques et plaquettes — Sujets profanes.

586 — Cacus enlevant les bœufs d'Hercule; sujet central placé dans un entourage très élégant. Bronze B. Diam., 116 millim.

587 — Hercule debout devant Cacus mort. Même entourage. Bronze B. Diam., 116 millim.

588 — Mercure assis. Même entourage. Bronze B. Diam., 116 millim.

589 — L'Amour vainqueur d'un Satyre. Même entourage. Bronze B. Diam., 116 millim.

Ces quatre médaillons se font pendant.

590 — Au centre : la mort d'Adonis; au tour : divers sujets de chasse et de pêche traités dans le style de la fin du XVIe siècle. Étain B. Diam., 160 millim.

591 — Quatre petits enfants jouant avec une chèvre. Bronze B. Diam., 88 millim.

592 — Hercule étouffant Antée. Bronze B. Plaque rectangulaire, 77-99 millim.

593 — Flore ? Une femme couchée parmi des fleurs; près d'elle un jeune enfant. Bronze B. Plaque 140 et 41 millim.

594 — Deux plaques, en bronze découpé, représentant des Amours soutenant un écusson. Bronze B. Dimensions : 108-41 millim.; 75-41 millim.

595 — Jeune femme vue à mi-corps; coiffure relevée sur le derrière de la tête; le buste nu; plaquette du meilleur style. Bronze B. Ovale, 68-52 millim.

596 — Un jeune guerrier endormi devant trois femmes debout qui le regardent. Bronze. Diam., 52 millim.

597 — Un empereur romain faisant une allocution à plusieurs personnages. Signé : VA · VI · F. (Valerio belli.) Bronze. Ovale, 52-45 millim.

598 — Imitation, faite au XVIe siècle, du médaillon de Syracuse. Au revers : l'Abondance assise devant un autel, Bronze B. Diam., 39 millim.

599 — Buste de Diane. Bronze B. Ovale, 49-38 millim.

600 — Autre buste de Diane. Bronze B. Ovale, 35-24 millim.

601 — Autre buste de Diane. Bronze. Diam., 30 millim.

602 — Joli buste de jeune fille. Bronze B. Diam., 24 millim.

603 — Buste d'une impératrice romaine, probablement Matidie. Bronze B. Ovale, 58-45 millim.

SUJETS RELIGIEUX

604 — *La Vierge et l'Enfant Jésus.* La Vierge debout, à gauche, tenant dans ses bras l'Enfant Jésus ; encadrement formé par une bélière, en haut ; en bas, une draperie et de chaque côté un chandelier très orné. Bronze B. Dimensions sans la bélière, 84-87 millim.

605 — Même sujet. La Vierge tenant l'Enfant Jésus devant un autel entouré d'anges et de chérubins. Bronze doré B. Dimensions, 90-71 millim. 37 Fichel, 17 av. Trudaine

606 — *La Flagellation.* Le Christ attachée à une colonne entourée de plusieurs personnages. Très fort relief. Bronze. Dimensions : 132-98 millim. 33 Corcccia

607 — *La Crucification.* Le Christ sur la croix, à ses pieds la Vierge et la Madeleine. Plaquette découpée. Bronze doré B. Dimensions, 77-60 millim. 36 Egger

608 — *La Mise au Tombeau.* Plusieurs personnages, hommes et femmes, mettant le Christ dans un tombeau. Au fond, le Calvaire. Bronze B. Dimensions : 102-75 millim.

609 — *L'Assomption de la Vierge.* La Vierge debout sur des nuages. Bronze B. Dimension : 153 millim. 10 Feuardent

610 — Ange agenouillé tenant un lis. Bronze B. Dimensions : 103-50 millim. 22 Bucquet

611 — Sous ce numéro seront vendues un certain nombre de médailles non cataloguées, et quelques monnaies françaises et étrangères.

TABLEAUX ANCIENS

BOURDON

(SÉBASTIEN)

612 — *Portrait d'un sculpteur.*

Représenté debout, à mi-jambes, la main droite sur le côté; il tient deux camées. Près de lui une statuette et un buste.

Bois. Haut., 19 cent.; larg., 15 cent.

BRONZINO

(Attribué à)

613 — *Portrait de femme.*

Debout, à mi-jambes, en corsage de soie blanche brodée et en robe de velours vert. Elle caresse un petit épagneul assis sur une table, et tient de la main droite un éventail formé de plumes.

Cadre ancien en bois sculpté.

Toile. Haut., 1 m. 35 cent.; larg., 95 cent.

CARRACHE

(ANNIBAL)

614 — *Sainte Famille.*

Cadre sculpté.

Toile. Haut., 35 cent.; larg., 26 cent.

GOLTZIUS

(H.)

615 — *Sainte Famille.*

La Vierge allaite son divin enfant debout devant elle sur une balustrade, où sont posés un vase de lis, un citron et un couteau.

Derrière la Vierge, saint Joseph est en contemplation.

Bois. Haut., 50 cent.; larg., 32 cent.

HOLBEIN

(École de H.)

616 — *Portrait de Charles-Quint jeune.*

En buste, avec pourpoint à manches rouges, recouvert d'une fourrure; le bras droit appuyé sur une table. Il est coiffé d'une toque noire ornée de perles et porte autour du cou l'ordre de la Toison d'or.

Collection Soltikoff.

Bois. Haut., 35 cent.; larg., 25 cent.

HOLBEIN

(École de H.)

617 — *Portrait d'un abbé.*

En robe noire, coiffé de la barrette; il tient un livre d'heures, la main droite appuyée sur une tête de mort posée sur une table.

Bois. Haut., 38 cent.; larg., 25 cent.

HOLBEIN

(D'après H.)

618 — *Portrait en buste de Jean-Frédéric de Saxe.*

Bois. Haut., 14 cent.; larg., 10 cent.

HUISMANS

(Attribué à)

619 — *Le Torrent.*

Paysage de forme ronde

Bois. Diam., 19 cent.

KAYSER

(Attribué à Th. de)

620 — *Portrait de femme.*

En buste, vêtue de noir, avec large collerette plissée.

Cadre Louis XIII, en ébène et écaille.

Cuivre ovale. Haut., 14 cent.; larg., 11 cent.

LARGILLIÈRE

(NICOLAS)

621 — *Portrait de la duchesse d'Orléans, abbesse de Chelles.*

Représentée à mi-corps, en corsage garni de dentelles, avec manteau rouge posé sur l'épaule droite.

Chevelure poudrée ornée d'une plume.

Cadre ancien en bois sculpté.

Toile. Haut., 90 cent.; larg., 72 cent.

LARGILLIÈRE

(Attribué à)

622 — *Portrait de femme.*

En buste, en corsage bleu brodé d'or; un manteau rouge recouvrant ses épaules.

Toile ovale. Haut., 80 cent.; larg., 60 cent.

LEBEL

(J. B.)

623 — *Portrait d'un capitoul.*

Debout, à mi-jambes, la main droite appuyée sur une table, en habit à manches de brocart et garni de dentelles ; il porte la robe rouge et l'hermine.

Cadre ancien en bois sculpté.

Toile. Haut., 1 m. 40 cent.; larg., 1 m. 10 cent.

LIPPI

(FILIPPO)

624 — *Lucrèce.*

De profil à gauche, devant la baie d'une fenêtre, la coiffure relevée, recouverte d'un voile rejeté en arrière ; elle porte une robe verte et sa main droite est posée sur sa poitrine.

Peinture d'un beau caractère.

Bois. Haut., 48 cent.; larg., 32 cent.

LUCAS DE LEYDE

(École de)

625 — *Le Barbier.*

Joli cadre Louis XIII.

Bois. Haut., 13 cent.; larg., 9 cent.

LUCAS DE LEYDE

(École de)

626 — *Cuisinier et sa femme.*

Bois. Haut., 11 cent.; larg., 7 cent.

LUCAS DE LEYDE

(École de)

627 — *Jeune femme tenant un vase d'orfèvrerie et comptant des pièces de monnaie.*

Forme ronde. Haut., 7 cent.

MONNOYER

(Genre de BAPTISTE)

628 — *Fleurs dans un vase, sur une table de marbre.*

Toile. Haut., 80 cent.; larg., 55 cent.

POURBUS

(PIERRE LE VIEUX)

629 — *Portrait d'une dame hollandaise.*

310 — Debout dans une salle, représentée de face, en corsage de velours noir broché de blanc, large collerette montante, robe rose et tablier blanc, la tête couronnée d'un diadème en perles avec plume rouge.

Bois. Haut., 38 cent.; larg., 25 cent.

RAPHAEL

(École de)

630 — *Saint Georges terrassant le dragon.*

50 — Revêtu de l'armure et monté sur un cheval blanc, le saint transperce de sa lance le monstre qui se débat à terre.

Paysage accidenté.

Cuivre. Haut., 22 cent.; larg., 16 cent.

SALLAERT

(ANTOINE)

631 — *La Fête du seigneur.*

400 — Dans un parc, devant un château seigneurial, une foule de gentilshommes et de gens du peuple dansent et festoient au milieu d'acrobates, de bohémiens et de musiciens.

Curieuse composition.

Bois. Haut., 48 cent.; larg., 56 cent.

VELASQUEZ

(Genre de)

632 — *Portrait de la duchesse de Modène.*

En riche costume, avec corsage de soie noire et rouge, collerette de guipure et perles dans les cheveux.

Toile. Haut., 70 cent.; larg., 60 cent.

VENNE

(Attribué à A. VAN DER)

633 — *Portrait d'un gentilhomme.*

Représenté à mi-jambes, tête nue, revêtu d'une cuirasse dorée. La main gauche appuyée sur la garde de son épée; la droite, sur un cabasset posé sur une table.

Dans le haut, à gauche, une armoire.

Bois. Haut., 45 cent.; larg., 32 cent.

ÉCOLE FLAMANDE

(XVIe SIÈCLE)

634 — *Portrait d'un peintre.*

Représenté en buste, coiffé d'un feutre, vêtu d'un pourpoint noir à manches rouges et d'un manteau de brocart vert, bordé de fourrures; il tient de la main gauche sa palette et ses pinceaux.

Bois. Haut., 42 cent.; larg., 30 cent.

ÉCOLE FLAMANDE

(XVIe SIÈCLE)

635 — *Le Calvaire.*

La Vierge Marie et les saintes femmes au pied de la croix. Sur la droite, une troupe de soldats s'éloigne.

Bois. Haut., 94 cent.; larg., 75 cent.

ÉCOLE FRANÇAISE

(XVIe SIÈCLE)

636 — *Portrait de Marie-Stuart.*

En buste, en corsage blanc et manteau noir avec collier et boutons de perles.

Un voile recouvre sa chevelure blonde.

Bois. Haut., 30 cent.; larg., 22 cent.

ÉCOLE FRANÇAISE

637 — *Inauguration de la statue du roi Louis XIV sur la place des Victoires, en 1686, devant une foule de personnages.*

Feuille d'éventail agrandie et marouflée sur panneau.

Haut., 25 cent.; larg., 41 cent.

ÉCOLE FRANÇAISE

638 — *Portrait de femme en corsage orné de rubans.*

Toile. Haut., 1 m. 10 cent.; larg., 80 cent.

ÉCOLE FRANÇAISE

639 — *Portrait de jeune femme du temps de Louis XIII.*

En costume à crevés, corsage garni de dentelle et plumes dans la chevelure.

Bois. Haut., 35 cent.; larg., 25 cent.

ÉCOLE VÉNITIENNE

640 — *Portrait de deux jeunes filles représentées en buste, vêtues de riches costumes.* Cadre sculpté.

Bois. Haut., 11 cent.; larg., 14 cent.

TABLEAUX MODERNES

COROT

641 — *Souvenir d'Italie.*

Au premier plan se dressent deux bouquets d'arbres dont le feuillage forme un dôme de verdure au-dessus de la prairie. Par une grande échappée ménagée au centre du tableau, apparaissent sous un ciel clair et lumineux, les falaises, le rivage couvert de barques et une mer calme. Deux femmes, dont l'une tient un tambour de basque et l'autre un enfant dans ses bras, occupent le milieu de la composition.

Haut., 1 m. 72 cent.; larg., 84 cent.

DECAMPS

642 — *Chien de chasse.*

Aquarelle.

DECAMPS

643 — *Enfants et chien au bord d'une mare.*

Haut., 13 cent.; larg., 21 cent.

DECAMPS

644 — *Chameaux à la fontaine.*

Forme ovale. Haut., 40 cent.; larg., 33 cent.

DECAMPS

645 — *Petit paysage.*

Haut., 10 cent.; larg., 19 cent.

GOUBIE

646 — *Cheval de selle à l'abreuvoir.*

Haut., 22 cent.; larg., 26 cent.

VOLLON

647 — *Pêches et raisins.*

Haut., 65 cent.; larg., 80 cent.

VOLLON

648 — *Casque et épée.*

Haut., 65 cent.; larg., 50 cent.

VOLLON

649 — *Un Coin d'atelier.*

Haut., 92 cent.; larg., 34 cent.

VOLLON

650 — *Le Joueur de harpe.*

Haut., 85 cent.; larg., 45 cent.

LIVRES

CATALOGUES — GRAVURES

651 — Alfred Armand. *Les Médailleurs italiens des quinzième et seizième siècles, etc., par Alfred Armand, Architecte. Paris, MDCCCLXXIX.* In-8°. Demi-reliure.

652 — *Dell' Antichissimo Rito dipregare per l'Imperatore interamente conservato nella sola Ambrosiana Chiesa Dissertazione. In Milano, MDCCLXXI.* Reliure en maroquin rouge doré au fer.

653 — The Art-Journal 1863, *new series. Volume II.* In-4°. Demi-reliure.

654 — Œuvre de Jacques Androuet Du Cerceau, *reproduit par les procédés de l'héliogravure par Édouard Baldus. Meubles et cheminées. Paris, 1869.* In-folio. Demi-reliure.

655 — C. Becker und J. von Hefner. *Kunstwerke und Geræthschaften des mittelalters und der Renaissance. Frankfurt am Main, 1863.* Trois volumes grand in-4° avec planches.

656 — *Le Cabinet de l'Amateur et de l'Antiquaire. Revue des tableaux et des estampes anciennes, des objets d'art, d'antiquité et de curiosité. Paris, 1845-1846.* Quatre volumes in-8°. Demi-reliure.

657 — J. Charvet. *Description des collections de sceaux-matrices de M. E. Dongé.* In-8° avec planches et portrait de l'auteur. *Paris, MDCCCLXXII.* Demi-reliure.

658 — Davillier (J. C.) *Histoire des faïences hispano-moresques à reflets métalliques. Paris, MDCCCLXI.* In-8°. Demi-reliure.

659 — Baron Davillier. *Fortuny, sa vie, son œuvre, sa correspondance, avec cinq dessins inédits en fac-simile et deux eaux-fortes originales. A Paris, chez Auguste Aubry, éditeur, MDCCCLXXV.* In-8°. Demi-reliure.

660 — Le Baron Ch. Davillier. *Recherches sur l'orfèvrerie en Espagne, au Moyen-Age et à la Renaissance, etc. Paris, A. Quantin, imprimeur-éditeur, MDCCCLXXIX.* In-4° avec planches. Demi-reliure.

661 — Baron Ch. Davillier. *Mémoire de Velazquez sur quarante et un tableaux envoyés par Philippe IV à l'Escurial; réimpression de l'exemplaire unique (1658) avec introduction, traduction et notes var le baron Ch. Davillier et un portrait de*

Velazquez gravé à l'eau-forte par Fortuny. In-8°, avec dédicace de l'auteur. *Paris, MDCCCLXXIV.* Demi-reliure.

662 — *Recueil de toutes les pièces connues jusqu'à ce jour de la faïence française dite de Henri II et Diane de Poitiers, dessinées par* Carle Delange *et publiées par MM.* Henri et Carle Delange. *Paris, quai Voltaire, n° 5, MDCCCLXI.* Grand in-folio.

663 — *Recueil de faïences italiennes des XVe, XVIe et XVIIe siècles, dessiné par* MM. Carle Delange *et* C. Borneman *et accompagné d'un texte par* M. A. Darcel et M. Henri Delange. *Paris, quai Voltaire, n° 5, MDCCCLXIX.* Grand in-folio. Demi-reliure.

664 — Pierre Dubois. *Collection archéologique du prince Pierre Soltykoff. Horlogerie. Paris, 1858.* In-4°. Demi-reliure.

665 — *Entretiens sur les vies et sur les ouvrages des plus excellents peintres anciens et modernes. A Paris, chez Sébastien Mabre Cramoisy, MDCLXXXV et MDCLXXXVIII.* Deux volumes in-4°, reliés en veau.

666 — Gaussen (A.). *Portefeuille archéologique de la Champagne.* Grand in-4° avec planches. Reliure en toile.

667 — *Histoire artistique, industrielle et commerciale de la porcelaine, etc., par* Albert Jacquemart et Edmond Le Blant, *enrichie de vingt-six planches gravées à l'eau-forte par* Jules Jacquemart. *Paris, Techener, 1862.* In-folio. Reliure en parchemin.

668 — *Œuvres de saint Jean Chrysostome, archevêque de Constantinople.* Grand in-4° en latin portant la date de 1504 avec reliure en parchemin gaufré garnie en cuivre.

669 — Jules Labarte. *Histoire des arts industriels au Moyen-Age et à l'époque de la Renaissance. Paris, librairie de A. Morel et Cie, MDCCCLXIV.* Trois volumes in-8° de texte et deux albums in-4°. Demi-reliure.

670 — Paul Lacroix. *Vie militaire et religieuse au Moyen-Age. Mœurs, usages et coutumes au Moyen-Age et à l'époque de la Renaissance. Sciences et lettres au Moyen-Age et à l'époque de la Renaissance.* Trois volumes in-4° avec chromolithographies.

671 — Paul Lacroix et Ferdinand Seré. — *Le Moyen-Age et la Renaissance.* Cinq volumes in-4° avec planches. *Paris, 1848.* Demi-reliure.

672 — De Larrey. *Histoire d'Angleterre, d'Écosse et d'Irlande, etc., par M. de Larrey. Rotterdam, chez Reinier Leers, MDCXCVIII.* Deux volu-

mes in-folio avec portraits. Reliure en veau avec armoiries dorées au fer.

673 — *Les Collections célèbres d'œuvres d'art dessinées et gravées d'après les originaux*, par Édouard Lièvre. *Paris, Goupil et Cie, éditeurs, MDCCCLXVI.* Deux volumes in-folio.

674 — *Musée impérial du Louvre. Collection Sauvageot, dessinée et gravée à l'eau-forte par* Édouard Lièvre, *accompagnée d'un texte historique et descriptif par* A. Sauzay, *conservateur adjoint des Musées impériaux. Paris, Noblet et Baudry, MDCCCLXIII.* Deux volumes in-folio.

675 — *Le Musée universel, par* Édouard Lièvre. *Paris, MDCCCLXVIII.* In-folio relié en toile.

676 — *Paris sous Louis XIV. Monuments et vues. Texte par* Auguste Naquet. *Paris, 1883.* Grand in-4° avec un grand nombre de planches. Reliure en toile rouge dorée.

677 — Montesquieu. *Considérations sur les causes de la grandeur des Romains et de leur décadence, avec commentaires et notes de Frédéric le Grand, édition collationnée sur le texte de 1734. Paris, Alphonse Lemerre, libraire, MDCCCLXXVI,* In-8°. Demi-reliure.

678 — M. Eugène Piot. *Le Cabinet de l'amateur. Années 1861 et 1862.* In-4°. Demi-reliure.

679 — Eugène Plon. *Benvenuto Cellini, orfèvre, médailleur, sculpteur, etc.*, *par* Eugène Plon. *Eaux-fortes par* Paul Le Rat. *Paris, 1883.* In-folio. Demi-reliure.

680 — *Trésor de numismatique et de glyptique, ou recueil général de médailles, monnaies, pierres gravées, etc. Trois volumes in-folio avec planches gravées par les procédés de M. Achille Collas.* Demi-reliure.

681 — Giorgio Vasari. *Vies des peintres, sculpteurs et architectes, par* Giorgio Vasari, *traduites par* Léopold Leclanché *et commentées par* Jeanron *et* Léopold Leclanché. *Paris, Juste Tessier, 1842.* Dix volumes in-8°. Demi-reliure.

682 — Viollet-le-Duc. *Dictionnaire raisonné du mobilier français, par* Viollet-le-Duc, *architecte.* Six volumes in-8° avec planches. Demi-reliure.

683 — *Catalogue des tableaux anciens de toutes les écoles composant la très importante collection de M. le Baron de Beurnonville, etc. M. Charles Pillet, commissaire-priseur.* In-4° avec planches. Demi-reliure.

684 — *Catalogue des objets d'art, tableaux anciens, livres composant la collection Double. Paris, 1881. Me Charles Pillet, commissaire-priseur; MM. Charles Mannheim, Féral et Porquet, experts.* In-4° avec planches. Demi-reliure.

685 — *Catalogue de tableaux modernes composant la collection de M. F. Hartmann. Paris, 1881. Me Charles Pillet, commissaire-priseur; M. Georges Petit, expert.* In-4° avec planches. Demi-reliure.

686 — *Collections Paturle, Michel de Tretaigne et Pereire.* Trois catalogues de ventes publiques. In-8° avec planches. Demi-reliure.

687 — *Catalogue de tableaux de premier ordre anciens et modernes composant la Galerie de M. le marquis de La Rocheb... Paris, 1873. Me Charles Pillet, commissaire-priseur ; MM. Durand Ruel et Féral, experts.* In-4° avec planches. Demi-reliure.

688 — *Galerie Oppenheim. Catalogue des tableaux de l'école moderne, tableaux anciens, marbres, objets d'art et de curiosité, composant la galerie de feu M. Oppenheim. Paris, 1877. Mes Charles Pillet et Appert, commissaires-priseurs. MM. Francis Petit, Féral et Charles Mannheim, experts.* In-8° avec planches. Demi-reliure.

689 — *Collections de San Donato, objets d'art, tableaux. Paris, 1870. Me Charles Pillet, commissaire-priseur ; MM. Francis Petit et Charles Mannheim, experts.* Un volume in-8° avec planches et photographies. Demi-reliure.

690 — *Catalogue des objets d'art et de haute curiosité*

composant la célèbre collection du prince Soltykoff, etc. Me Charles Pillet, commissaire-priseur. In-8°. Demi-reliure.

691 — *Collection de M. John W. Wilson, exposée dans la galerie du Cercle artistique et littéraire de Bruxelles, Paris, Imprimerie de Jules Claye, 1873.* Grand in-4° avec planches. Demi-reliure.

692 — *Catalogue de tableaux de premier ordre anciens et modernes composant la galerie de M. John W. Wilson. Paris, mars 1881. Me Charles Pillet, commissaire-priseur; M. Georges Petit, expert.* In-4° avec planches. Demi-reliure.

693 — Dix-neuf catalogues avec planches des ventes *Castellani, Delessert, Diaz, Dutillieux, Faure, Fayet, de Forcade, Jacobson de La Haye, Koucheleff-Besborodko, de Lissingen, Mailand, Camille Marcille, Papin, Roxard de La Salle, Alfred Saucède, Scharff de Vienne, Schneider, Toretelli de Spoleto, Van Walchren Van Wadenoyen.* Ce lot pourra être divisé.

694 — *La Danse des morts. Reproduction d'après Holbein.* In-12. Demi-reliure.

695 — Lot de gravures et livres à gravures des XVIe et XVIIe siècles.

www.ingramcontent.com/pod-product-compliance
Ingram Content Group UK Ltd.
Pitfield, Milton Keynes, MK11 3LW, UK
UKHW020245180726
13839UKWH00001B/175